KB235024

나를 살리는 서른한 가지 경험칙 **따뜻한 충고**

따뜻한 충고

1판 1쇄 발행 2009년 3월 17일

지은이 ǀ 이인석
펴낸이 ǀ 박찬영
기획편집 ǀ 이인석, 김혜경, 성이경
마케팅 ǀ 이진규, 장민영
관리 ǀ 한미정
디자인 ǀ 엔터스코리아

발행처 ǀ 리베르
주소 ǀ 서울시 용산구 용산동5가 24번지 용산파크타워 103동 505호
등록번호 ǀ 제2003-43호
전화 ǀ 02-790-0587, 0588
팩스 ǀ 02-790-0589
홈페이지 ǀ www.liberbooks.co.kr
커뮤니티 ǀ blog.naver.com/liber_book(블로그)
         cafe.naver.com/talkinbook(카페)
e-mail ǀ skyblue7410@hanmail.net

• 사전 동의 없는 무단전재와 무단복제를 금합니다.
• 잘못 만들어진 책은 바꿔드립니다.

리베르(LIBER)는 디오니소스 신에 해당하며 책과 전원의 신을 의미합니다.
또한 liberty(자유), library(도서관)의 어원으로서 자유와 지성을 상징합니다.

따뜻한 충고

이인석 지음

리베르

진리가 그대를 자유롭게 하듯이
세상의 모든 굴종으로부터
사랑이 그대를 자유롭게 하리라!

절대자유의
지혜를 바친다

나는 시시껄렁한 얘기는 하지 않는다. 절실하기 때문이다.

나는 폼 잡는 얘기도 하지 않는다. "너나 잘해!" 소리나 들어 마땅한 '자기계발 전문가'가 아니라, 나는 그냥 '스토리텔러'이기 때문이다.

하지만 나는 스토리를 꾸며내지는 않는다. 나는 몸소, 직접 체험한 얘기만 한다. 따라서 내가 지금부터 들려주는 이야기는 인터넷을 조금만 뒤지면 누구라도 짜깁기해서 쓸 수 있는, 서점의 진열대를 가득 메우고 있는 뻔한 사람들의 뻔한 이야기가 아니라, 이 세상 그 누구도 들려줄 수 없는 나만의 경험칙이다.

경험칙?

그렇다, 경험칙! 원칙이 아니라 경험칙이다. 흔히들 원칙을 얘기하지만, 원칙보다는 경험칙이 더 중요하다. 원칙이나 법칙은 머릿속의 관념적인 개념이지만 경험칙은 일상에 바로 적용할 수 있는 살아 있는 진실이다.

또한 자기계발이 아니라 자유계발이다. 지겨운 자기계발! 누구를 위한 자기계발이며 무엇을 위한 자기계발이란 말인가! 자기계발의 시대는 갔다. 세계 경제가 붕괴되며 자기계발의 시대는 가고 인간의 참된 가치와 자기계발의 궁극적인 목표를 추구하는 '자유계발'의 시대가 시작되었다. 자기계발의 원칙들은 죽어 있는 화석일 뿐이지만, 자유계발의 경험칙은 살아서 약동하는 삶의 원동력이다.

『따뜻한 충고』에 나오는 자유계발의 경험칙들은 필자가 100퍼센트 경험한 생생한 체험담이요, 반세기 가까운 인생의 고비마다 절실하게 깨달은 구체적인 삶의 진리이다.

이 책에는 따뜻한 사랑을 나누며 자유롭게 살아가는 '경험칙'이 구체적으로 제시되어 있고, 우리의 삶 속에서 지금 당장 바로 실천할 수 있는 '지속가능한 경험칙'들이 생생하게 이어진다.

오늘 이 순간을 보다 자유롭게 보내고 싶어하는 이 땅의 아들딸들에게, 혹은 지금까지 살아온 날보다 앞으로 살아갈 날이 더 많은 이 땅의 후배들에게, 절대자유의 지혜를 바친다.

끝으로 박찬영 대표와 편집부의 김혜경 님을 비롯한 리베르 가족 여러분께 따뜻한 감사의 말씀을 드린다.

2009년 2월 봄을 맞이하며

이인석

c o n t e n t s

자유계발의 **실제**

공부

혼자 있더라도 신독하라. 청소년기의 성적 호기심을 생산적 탐구활동에 쏟는 것, 혹은 청년기의 왕성한 젊음을 좀 더 밝고 떳떳한 가치 활동에 쏟는 것. 한 사람의 인생은 그 사람의 성적 호기심과 왕성한 젊음을 어떻게 통제하느냐에 따라 달라진다고 해도 과언이 아니다. 혼자 있더라도 명예를 지켜라.

술부터 끊고 시작하라

대학동창 넷이 모여 저녁을 먹었다. 방송국 PD에, 기업체 대표에, 친구들은 못난 게 별로 없었지만, 30년 가까이 책에만 파묻혀 지내온 나는 '춥고 배고픈 삶'을 살고 있었다.

"제일 후회되는 건, 대학 다닐 때 공부를 열심히 하지 않은 거야. 다시 대학생이 된다면, 정말이지 공부를 굉장히 열심히 하고 싶어!"

대학시절을 회상하며 대화를 나누던 중 내가 이렇게 얘기했더니, 한 친구가 아들에게 곧바로 전화를 걸었다.

"아들아! 인석이 아저씨가 오늘 2탄을 터뜨렸다. 지난번 1탄

기억나지? 대학 다닐 때 술을 많이 마신 게 정말 후회된다고. 그런데 오늘 2탄은, 다시 대학생이 되면 공부를 열심히 하고 싶다는 거다! 아들아, 무슨 말인지 알겠니?"

대학에 다니는 그 아들은 허구헌날 술타령에 공부는 뒷전이란다. 최고 명문대학의 경영학과에 다니는 엘리트 젊은이가 술독에 빠져 있다니, 무척 뜻밖의 일이었다. 구직난에 시달리는 요즘 대학생들은 도서관에 틀어박혀 종일 공부만 하는 줄 알았더니, 하루가 멀다고 술을 마신다고?

술이 마약이라는 것을, 멋모르고 마신 한두 잔의 술에 중독되어 나중에 뼈저리게 후회하게 된다는 걸 20대, 30대가 알기나 할까?

목표를 잘 설정해 공부에 전념하지 않으면 평생 후회하게 된다는 걸 10대, 20대가 알기나 할까?

나 또한 그때는, 전혀 몰랐다. 고등학교 3학년 때의 일이다. 지금은 그렇지 않겠지만, 내가 다녔던 강원도 설악산의 속초고등학교에는 그 당시 적지 않은 술꾼들이 포진해 있었다. 야간자율학습 시간이면 물 당번이 주전자 가득 막걸리를 받아오곤 했는데, 고3 술꾼들은 선생님 몰래 막걸리를 한 잔씩 마셔대며 자율학습이라는 것을 했으니, 공부가 제대로 됐을 리가 없었다.

그러던 어느 날, 밤에 전기가 나갔다. 가뜩이나 막걸리까지 돌려 마시던 어수선한 분위기에 정전까지 되었으니, 학교가 조용할 리 없었다.

너나 할 것 없이 자리를 박차고 일어나 광란의 도가니에 빠져들었다.

"아리, 아리, 아라리요, 아리랑고개~."

유행가를 합창하며 고고를 신나게 추는가 하면, 가방을 재빨리 싸들고 교실 밖으로 뛰쳐나가는 친구도 있었고, '휙 휘익' 속초여고 여학생들을 희롱할 때나 쓰던 손가락 휘파람이 여기저기서 터져 나왔다.

그때 어둠을 헤치며 자율학습 감독 선생님이 교실에 들어섰다. 그는 칠판지우개를 광란의 무리 속으로 던지며 이렇게 외쳤다.

"에라 아리랑 고개, 다 떨어져라!"

잠시 후 전기가 다시 들어왔을 때 교실 안은 먼지로 자욱했고 우리는 단체기합을 받아야 했다.

단체기합이 끝이 아니었다. 선생님의 무서운 저주가 힘을 발휘했는지, 그해 우리는 대학입시라는 아리랑고개에서 많이도 떨어졌다. 술은 입에도 대지 않던 '범생이'였건만, 나 역시 전기에서 낙방하여 후기대학의 문턱을 가까스로 밟을 수 있었다.

문제는, 술이라곤 모르고 살아오던 내가 대학에 들어가면서 술꾼으로 전락해 버렸다는 사실이다. 대학은 학문의 전당이 아니라 술로 시작해서 술로 끝나는 폭음의 전당이었다. 시대적 분위기가 우리를 술독에 빠뜨렸다는 변명은 핑계에 불과했다. 대학 1학년 때 부마항쟁과 10·26사태가 있었고, 2학년 때 광주사태를 겪으면서, 술을 마시지 않고선, 맨정신으로는 도저히 버틸 수 없었다는 게 어찌 폭음의 핑계가 될 수 있으랴.

"예수님도 공자님도 아니 놀지는 못하리라, 차차차."

이런 발칙한 노래가 유행했던 그 시절, 우리는 마셔도 너무 마셨다. 폭음의 나날로 이어지다 보니 자연히 부끄러운 짓도 많이 했다.

지금도 생생히 기억나는 사건이 하나 있다. 대학 3학년 때의 일이다. 3학년쯤 되었으면 이젠 마음잡고 공부에 매진할 때도 되었건만, 도서관을 오가는 생활 속에서도 그날은 마셔도 너무 많이 마셨다. 우리는 만신창이로 취해서 하숙집에 돌아왔는데, 그가 나에게 제안을 했다. 오줌 시합을 하자고. 오줌줄기가 멀리 발사되는 사람이 승리하는 것이었다. 아무튼 그와 나는 취중에 방 안에서 오줌 시합까지 벌여댔으니, 흐이구, 폭음으로 인한 패가망신은 불을 보듯 뻔한 일이었다.

그래도 오랜 세월 끝에 3년 전에 술을 가까스로 끊은 나는 아직 건재해 있고, 함께 오줌 시합을 벌였던 그는 많은 사람들이 입사하고 싶어하는 기업체의 임원으로 승승장구했으니, 술을 마셔도 자유계발을 얼마든지 잘할 수 있는 걸까?

절대 그렇지 않다. 자유계발에서 제일 중요한 경험칙이 바로 술을 마시지 않는 것이다. 술을 아예 마실 줄 모르거나 술을 끊은 사람은 행운아다. 자유계발의 절반 이상을 이미 완성했기 때문이다. 술 얘기부터 꺼내는 이유는 뼈저리게 후회되기 때문이다. 내가 만일 지난 27년 동안 술을 입에 대지 않았더라면 보다 많은 일을 할 수 있었을 텐데, 정말 후회된다.

'술도 마시지 않고 어떻게 대인관계를 잘할 수 있는가?'는 어리석은 질문이다. 술을 마시면 대인관계를 개선하기는커녕 오히려 망칠 가능성이 더 높기 때문이다.

술을 마셔도 얼마든지 성공할 수 있다고? 모르는 소리다. 하숙방에서 함께 오줌 시합을 했던 그는 비록 사회생활에는 성공했을지 모르지만, 오랜 세월 동안 술을 많이 마신 탓에 지금은 각종 질병에 시달리고 있다. 남는 게 무엇인가? 술로 인해 몹쓸 질병에 걸렸는데 그래도 성공했다고 자랑할 수 있는가?

가랑비에 옷 젖는다. 술을 끊어라. 성공하고 싶으면 술을 무조건 끊어야 한다.

술을 계속 마시면 가랑비에 옷 젖는 정도가 아니라 세찬 폭
풍우에 자신을 고스란히 맡기는 것과 다름없다. 굳이 폭풍우
속에서 살아갈 필요는 없지 않은가! *

2차는 오 노!

적당히 마시면 된다고?

적당히 마시면 몸에 좋다고 하지만 적어도 술에 있어서는 '적당히'가 안 된다. 한 잔 마시면 또 한 잔 마시고 싶은 게 술이 가진 괴력이다. 적당히 마시면 오히려 몸에 좋다는 말은 결코 지킬 수 없는 거짓말이다. 술을 마시면 몸만 축나는가. 돈이 줄줄 새는 건 당연한 결과다.

'적당히'가 되지 않으니 술꾼들은 제일 먼저 신용카드부터 잘라버려야 한다. 술 좋아하는 사람치고 신용카드로 사고 한번 치지 않은 사람은 존재하지 않을 것이다. 다음날 술이 어느 정도 깨고 나면 밀려오는 그 후회막급…. 한 달 월급의 절반에 해당하는 막대한 돈을 하룻밤에 날려버리는 건 부지기수고, 돌려막기에 급급하다가 나중엔 카드연체와 사용중지가 방죽이 터진 듯 줄줄이 이어지다가, 끝내는 신용불량이라는 늪에 빠져버리고 만다.

이토록 빤한 궤도를 미처 알지 못했던 나는 마포의 한 출판사에 근무하던 시절, 호기롭게 신용카드를 발급받았으며, 편집부 회식이 있는 날이면 편집장이라는 직책을 술상무로 착각한 것도 아닌데 2차, 3차 갖은 만용을 다 부리며 직원들과 술을 마셔댔다.

지금은 없어졌지만 그 당시 공덕동로터리에 쿵짝쿵짝, 나이트클럽이 있었다. 처음엔 편집부 회식의 2차 코스로 이용하던 그곳은 어느새 고향친구가 찾아오면 당연히 2차, 학교친구가 찾아오면 마땅히 2차 코스로 자리 잡았고, 결국 나의 신용카드는 오래 버티지 못한 채 나가떨어지고야 말았다. 마시려거든 곱게나 마실 것이지, 나이트에 갈 건 뭐고 카드를 긁어댈 건 또 무언가.

나만 그런 게 아니다. 술꾼의 백이면 백, 한 번 이상씩 다들 경험해 본 빤한 스토리다. 나이트 2차는 차라리 저렴하게 먹히기나 하지, 룸살롱에라도 발을 들여놓으면 그날로 카드는 끝나

버린다.

술자리가 2차, 3차로 이어지면 술꾼의 몸과 지갑이 망가지는 건 물론, 술을 마시지 않는 사람에겐 더없는 고역이다. 술을 마시지 않더라도 2차는 절대 가지 마라. 2차에 따라가지 않고 슬그머니 줄행랑치는 친구를 뒤에서 험담하는 사람이 있거나, 2차에 가지 않으면 잘라버리겠다는 선배나 직장 상사가 있다면, 그 둘 다 술로 인해 파멸의 길을 걷고 있는 작자들이다.

술을 마시지 않더라도 2차엔 가지 않는 것, 마시지 않겠다는 사람에겐 술을 절대 권하지 않는 것, 2차 술자리에 참석하지 않는 사람을 욕하거나 위협하지 않는 것, 이 정도는 되어야 자유 계발의 출발선상에 발이라도 디뎠다고 할 수 있다.

외국계 회사에 다니는 어느 친구가 하소연을 했다. 크리스천인 그 친구는 술은 입에 대지도 못한다. 그런데 그 회사는 무슨 비자금이 그리도 많은지 허구헌날 회식에 밤늦게까지 술타령이란다.

외국계 회사 직원들이 무슨 술을 그리 많이 마시나 했더니, 외국인들이 문제가 아니라 그 회사에 다니는 한국 사람들이 문제라는 것이다.

그러면 그렇지. 사람 잡으려고 환장을 했는가! 정히 마시고 싶으면 2차는 마시고 싶은 사람들끼리만 가라. 기업의 경쟁력도 당연히 '술을 다스리는가 못 다스리는가'에서 나온다. 살고 싶으면 정말 2차는 가지 마라. 2차를 가는 것은 모래주머니를 손과 발에 차고 물속에 뛰어드는 자멸 행위다.

다시 한 번 강조하건대, 전국의 주당들이여, 술을 끊어라. 성공은 술을 끊는 데서 출발하나니, 술을 끊을지어다. *

담배는 바로 뚝!

담배를 처음 피워본 것은 초등학교 4학년 때의 일이었다. 그때 왜 담배를 피워보겠다고 마음먹었는지 잘 기억나지 않는다. 아마 호기심 때문이었을 것이다. 그렇다고 아버지가 담배를 피웠던 것도 아니다. 아버지께서는 정말 대단한 분이셨다. 내가 초등학교에 들어가기 전에는 담배를 피우셨는데, 내가 초등학생이 되고 난 후엔 아버지가 담배를 태우는 모습을 두 번 다시 볼 수 없었다. 과감하게 끊으신 것이다.

그런 내가 왜 담배를 피워볼 생각을 했을까. 초등학교 4학년 때의 어느 날, 담배와 성냥, '라면땅'을 들고 다락방으로 올라

갔다. 마침 집에는 나 혼자뿐이었다. 실은 '라면땅'을 갖고 갔는지, '뽀빠이'나 '야자'를 갖고 갔는지 정확하지는 않다. 아무튼 라면을 튀긴 과자를 들고 갔다. 어린 마음에도 담배를 피우고 난 후에 입 냄새를 없애야겠다는 생각이 들었던 것이다.

지금 생각해 보면 다락방보다는 뒷마당에서 몰래 피워볼 걸 그랬다. 그러면 집 안에 냄새도 배지 않고 더 좋았을 것을.

어두운 다락방에서 작은 창문을 활짝 열어놓고, 두근거리는 마음으로 담배에 불을 붙였다. 한 모금 빨려고 연기를 들이마시는 순간, 컥, 숨이 막혀 죽는 줄 알았다. 입 안에 불을 삼킨 듯, 숨이 콱 막혔다. 그게 전부였다. 한 모금만 마셔도 금방이라도 죽을 것만 같은 담배를 어른들은 뭐가 좋다고 피우는 것일까.

그 후론 한동안 담배를 입에 대지 않았다. 대학에 들어와서도 마찬가지였다. 어쩌다 술자리에서 한 모금 입에 대보기도 했지만 담배 맛을 전혀 느낄 수 없었다. 자연히 나는 담배와는 거리를 둘 수 있었다.

그런데 대학 3학년 2학기 때 나도 모르게 담배와 친해지게 되었다. 3학년 2학기가 되니 그동안 너무 놀았다는 생각이 들어, 법정대 도서관을 찾게 되었다. 마음잡고 대학원 시험을 준비한다며 발을 들여놓게 된 그곳에서 담배를 배우게 될 줄이야.

법정대 도서관은 중앙도서관에 없는 칸막이가 있어서 공부에 집중하기가 좋았다. 하지만 종일 공부만 할 수는 없는 노릇이다. 한두 시간 자리에 앉아 있다가 머리를 식힐 겸 휴게소를 찾았다가, 불이 난 줄 알았다. 휴게소 가득 담배 연기가 가득 차 있었다. 가을날의 스산한 날씨에 자판기에서 커피 한 잔 뽑아 마시고 나니, 혼자만 멀뚱멀뚱 앉아 있기도 뭐해서 나도 괜히 담배가 피우고 싶어졌다.

그렇게 배우게 된 담배가 군대의 훈련소에서 유일한 낙이 되더니, 군 제대 후 사회에 나와서는 완전히 골초가 되어버렸다. 담배를 끊기 전까지만 해도 하루에 두세 갑씩 피워댔으니, 잠잘 때 외에는 거의 물고 있었던 셈이다.

술을 그렇게 마셔댔는데도 지금 살아 있는 것은 기적이다. 담배도 마찬가지다. 담배를 그렇게 많이 피워댔는데도 아직 멀쩡한 건 기적이라고밖에 말할 수 없다.

그러던 내가 술과 담배를 끊게 된 것은 교회 덕분이었다. 술은 교회 다니기 직전에 끊었고, 담배는 교회를 다니기 시작한 지 1개월 후에 딱 끊었다. 누가 끊으라고 강요한 것도 아닌데, 주일날 예배당에서 담배 냄새 풍기기가 싫어서 스스로 끊은 것이다.

중요한 건 금주와 금연이 아니라, '지속 가능한' 금주와 금연이다. 교회에 다니기 시작한 지난 3년 동안 금주는 몇 번 무너졌지만, 곧바로 마음을 가다듬어 꽤 오래도록 잘 유지할 수 있었다. 문제는 금연이었다. 1년 동안 잘 참다가 한 번 무너지니, 금연의 주기가 점점 짧아지기 시작했다. 두 달 끊었다가 피우고, 한 달 끊었다가 피우고, 보름 끊었다가 피우고, 1주일 끊었다가 피우고, 다시 1주일 끊었다가 피우기를 반복하게 되었다.

그러다가 이번에 성공했다. 이번 금연은 꽤 오래 가고 있으니, 거의 성공했다고 할 수 있다. 하지만 방심은 금물이다. 1년 끊었다가 다시 피운 경험이 있고, 주변에서도 그런 사람을 많이 봐왔기 때문이다.

나의 경우엔 술보다 담배 끊기가 더 힘들었다. 담배 끊기가 힘든 이유는, 자꾸 내일로 미루기 때문이다. 딱 오늘 하루만 더 피우고 내일부터 끊자는 마음이 담배 끊는 걸 힘들게 만든다. 그래서 오늘 밤에 담배를 다 분질러버리고 내일을 맞이하게 되지만, 내일 아침이면 그 내일이 다시 오늘이 되어, 정말이지 오늘 하루만 더 피우고 내일 끊자며 담배를 또 사게 되는 것이다.

담배를 정말 끊고 싶다면 오늘만 더 피운다거나, 지금 갖고 있는 담배만 다 피우고 끊는다는 마음을 버려야 한다. 담배를 정말 끊고 싶다면 지금 바로 담배를 전부 버린 후, 두 번 다시 입에 대지 말아야 하는 것이다.

대학생이나 주5일제 회사에 다니는 직장인들은 금요일 저녁부터 시작하는 게 좋다. 처음 24시간이 가장 힘들기 때문이다. 토요일 하루는 집구석에 콕 처박혀 있는 게 좋다. 새우깡, 양파링, 아이비, 뻥튀기 등을 한가득 사두어야 하는 건 물론이다. 그런데 과자를 자주 먹으면 치아 사이에 이물질이 끼어 입 안이 텁텁해지기 때문에 오히려 담배 생각이 간절해질 수도 있다. 이럴 때 과일을 자주 먹는 게 좋다. 과일 중에서도 곁에 두고 수시로 먹기에는 귤이 제일 낫지만, 겨울 외에는 손쉽게 구할 수 없고 가격도 비싸다는 약점이 있다. 따라서 당근을 먹는 게 제일 나은 것 같다. 당근을 적당한 크기로 잘라서 봉지나 반찬통 등에 넣어두고 수시로 먹으면 입 안이 개운해져 담배 생각을 떨쳐버릴 수 있다. 게다가 당근은 폐에도 좋다고 하니 그동안 줄담배로 손상된 폐를 잘 어루만져줄 수 있을 것이다.

그렇게 24시간을 잘 견디고 나면 절반은 성공한 거다. 일요일 하루도 잘 버티고 나면 문제는 월요일인데, 그날은 가능한 한 학교에 가지 않거나 직장에 월차를 내는 게 좋다. 일요일과 월요일엔 등산을 하거나 운동장에서 달리기를 하여 땀을 흠뻑 내며 폐 청소를 말끔히 하는 게 좋다. 그렇게 3일을 보내고 나면 성공 가능성이 높아진다.

내 주변엔 '담배 끊는 사람과는 상종도 하지 않는다.'는 친구가 있다. 왜 그러느냐고 물었더니, 지독하기 때문이란다.

그래, 지독하다고 손가락질을 받으면 또 어떠랴. 내가 보기엔 담배를 끊는 사람이 지독한 게 아니라 끊지 못한 채 계속 피우는 사람이 더 지독하다. 죽는 걸 뻔히 알면서도 자신의 입 안에 맹독성 화생방 무기를 계속 발사하고 있으니 얼마나 지독한 독종인가.

하루에 두 갑이면 한 달에 15만 원, 1년이면 180만 원이라는 거금이 담뱃값으로 나간다. 돈도 돈이지만 담배를 피우면 몸이 축나게 되어 삶이 더없이 피곤해진다.

글을 쓴다는 핑계로 하루에 두세 갑씩 피우던 이 '굴뚝'도 딱 끊었다. 밥은 굶어도 담배는 굶을 수 없다며, 담배가 떨어질 게 두려워 보루로 쟁여두던 이 무지막지한 골초도 과감히 끊어버렸다.

하루라도 빨리 담배를 끊어라. 담배를 계속 피우며 자유계발을 한다는 것은, 걸음마도 한 줄 모르는 아기가 마라톤에 도전하는 것과도 같다.

담배를 끊어라. 담배 하나 끊지 못하는 약한 의지로 무슨 큰 일을 할 수 있으랴. 술과 담배를 끊기 전에는, 성공을 감히 거론하지 마라. 요즘 성공한 사람들의 회의석상에서 담배를 피우는 사람을 찾기란 하늘의 별따기 만큼 어려워졌다. ✻

기회는 준비된 자에게만 찾아온다

일생에 세 번 기회가 찾아온다는 말은 거짓말에 불과하다. 기회는 세 번 찾아오는 게 아니라 자주 찾아오며, 사실은 매일 찾아온다. 단지 찾아온 기회를 모르고 그냥 지나칠 뿐이다. 가만히 앉아 있는 사람에게는 기회가 절대 찾아오지 않는다. 기회는 적극적으로 인식하며 찾고자 노력하는 자에게만 온다.

기회가 찾아오지 않는다고 한탄할 필요는 없다. 현재 자신의 신분이 사실은 절호의 기회라는 것을 자각해야 한다. 기회는 이미 주어졌는데 스스로가 모르고 있을 뿐이다.

예를 들면, 현재 학생의 신분이라면 공부할 수 있는 기회가 주어져 있는 것이다. 그 기회를 잡지 못한 채 공부에 소홀히 한다면 주어진 기회를 잡지 못한 게 된다. 사회인이라면 사회적 성취를 이루고 돈을 벌 수 있는 기회가 주어진 것이다. 그 기회를 잡지 못한 채 사회적 성취에 소홀히 한다면 또한 주어진 기회를 잡지 못한 게 된다. 이러한 자각과 함께 주어진 기회를 반드시 성공으로 이루어내는 노력이 필요하다.

돌이켜 보면 나의 삶은 기회의 연속이었다. 단지 찾아온 기회를 자각하지 못했고 그 기회를 성공으로 연결시키는 노력 또한 부족했다. 학생 신분이었을 때 공부에 전념할 수 있는 기회를 놓친 게 너무도 후회스럽고, 사회활동을 하면서는 사회적 성취를 이룰 수 있는 수많은 기회를 잡지 못한 게 못내 후회스럽다.

찾아온 기회는 절대 놓치지 말아야 한다.

대학교 때 일이다. 대학 1학년 때 문예지 공모에 소설이 덜컥 당선됨으로써 1회 추천을 받은 나는 추천을 한 번만 더 받으면 정식 작가로 등단할 수 있었다. 나는 불문학과 학생이었지만 국문과 강의를 더 많이 들었고, 글을 쓴다는 이유로 친하게 지냈던 국문학과의 몇몇 교수님들은 내가 추천을 마무리 지을 수 있는 기회를 적극적으로 제공해 주셨다. 단편소설 하나만 완성시켜서 가져오면 월간지에 싣게 해주고 추천을 마무리해주시겠다는 것이었다. 소설 창작을 적극적으로 했던 나에게 단편 한 편 완성시켜서 교수님께 갖다드리는 건 너무도 쉬운 일이었다.

하지만 두려웠다. 대학생 신분으로 문단에 진출한다는 게 두려웠고, 소설가에게 주어지는 사회적 책무를 감당하기엔 나의 세계관과 필력이 너무도 나약해 보였다. 그래서 좀 더 다듬은 후에 갖다드리겠다는 변명을 교수님들께 드리며 찾아온 기회를 계속 미루곤 했다.

대학 졸업 후에는 그런 기회가 두 번 다시 찾아오지 않았다. 한동안 신춘문예에 매달렸지만 최종심에도 오르지 못한 채 번번이 떨어져버렸고, 급기야 장편소설을 펴내고 나서 그 책으로 인해 '작가회의'에 가입함으로써, '출판 등단'이라는 절차를 통해 문단에 얼굴을 내밀게 되었다.

대학 시절 내가 조금만 더 건방졌더라면 얼마나 좋았을까. 그러면 문단 등단 절차를 정식으로 밟지 않은 채 평생을 작가로 활동하는 파행적인 일을 겪지는 않았을 텐데 말이다. 글을 쓰며 활동하는 대부분의 작가들이 자신의 약력에 등단 절차를 밝히건만 나에겐 밝힐 만한 등단 절차가 없다. 그게 작가로 활동하는 데 약점이 되지는 않지만, 등단에 관계된 얘기만 나오면 사회적 공신력을 외면한 나의 마음이 그리 편치는 않다.

내가 사회인이 되었을 때는 직업 선택의 기회가 주어졌다. 요즘 구직난으로 인해 말로 다 표현할 수 없을 정도로 극심한 고충을 겪고 있는 분들이 많이 있다. 하지만 달리 생각해 보자. 내가 지금 백수라는 것은 나에게 직업 선택의 기회가 주어졌다는 것이다. 직업을 이미 구한 사람에겐 잘 주어지지 않는 기회를 갖고 있으니 오히려 행복한 순간이 아닌가.

문제는 그 기회를 어떻게 잡아서 자기 것으로 만드는가이다. 여기서 자유계발의 경험칙이 나온다. 기회는 준비된 사람에게만 찾아오며, 찾아온 기회는 반드시 잡아야 한다.

건강하고 지혜롭게 성장할 수 있는 기회, 전공을 선택하고 대학을 선택할 수 있는 기회, 열심히 공부할 수 있는 기회, 직업을 선택하고 배우자를 선택할 수 있는 기회, 집을 사고 회사에서 승진할 수 있는 기회, 사업에 뛰어들 수 있는 기회, 노후 대책을 잘할 수 있는 기회, 노년을 아름답게 보낼 수 있는 기회, 평화로운 죽음을 맞이할 수 있는 기회 등등 우리의 삶은 기회의 연속이다.

그 기회를 잡기 위해 끊임없이 준비하고 노력해야 한다. 기회는 준비된 자에게만 찾아오고 기회 포착은 노력하는 자에게만 주어진다.

나에겐 기회가 왜 찾아오지 않을까 한탄하지 마라. 지금이 바로 기회다. 자기 자신을 돌아보라. 나에겐 지금 어떤 기회가 주어져 있는가. 그 기회를 절대 놓치지 말고 반드시 성공으로 이끌어라! 성공한 사람은 주어진 기회를 잘 활용한 사람이고 성공하지 못한 사람은 주어진 기회를 흘려보낸 사람이다. *

재수를 해서라도
원하는 대학에 가라

후기 대학에 다녔던 우리는 일종의 '패배의식'에 젖어 있었다. 그래도 성균관대는 후기 중에서는 제일 명문이고, 서울대나 연고대를 지원했다 떨어진 우수 학생들이 모이고, 성대는 오히려 연대나 고대보다 뛰어나다는 자위감조차도 우리의 구겨진 자존심을 좀처럼 회복시켜 줄 수 없었다. 아니, 회복할 수 없었다. 아, 우리가 가고 싶었던 서울대, 연세대, 고려대.

연대와 고대가 연고전이라는 체육대회를 열듯이 당시 서울대와 성대는 성서전이라는 정기전을 가졌다. 서울대와 같은 레

벨로서의 성서전을 개최하는 것이라고는 했지만, 그깟 체육대회가 우리의 열등감을 회복시켜 줄 리가 없었다.

어쩌다가 성대생이 되었는지.

아리랑고개 시절, 나는 성대에 진학하겠다는 생각을 단 한 번도 한 적이 없었다. 중학교 때부터 나의 목표는 오로지 서울대였고, 다른 대학에 간다는 것은 상상조차 할 수 없었다.

그런 내가 서울대를 포기하고 전기 대학에서 연대를 선택했던 것은 순전히 예비고사 점수 때문이었다. 예비고사는 지금의 수능과 같은 시험이었다. 국영수 150점과 기타과목 170점에 체력장 20점을 합쳐서 340점 만점이었다. 그런데 340점 만점에 222점이 나왔으니, 예비고사 점수로만 보면 서울대와 연고대는 물론 성대도 가기 힘든 점수였다. 당시 서울대 법대와 경영대는 300점이 넘어야 지원이 가능할 것이라고 판단했던 것이다.

하지만 그것은 나의 대단한 착각이었다. 그때 서울대는 예비고사 30퍼센트에 국영수 본고사 70퍼센트를 반영했다. 어차피 본고사 위주로 공부했으면 222점 점수로도 밀어붙였어야 했는데, 지레 포기해 버렸으니, 참으로 후회막급하다. 수학은 조금 떨어졌지만 국어와 영어는 만점 받고, 남은 기간 동안 수학에 집중하며 도전했어야 했는데, 서울대의 예비고사 평균점수를 지나치게 의식한 것이었다. 그래서 서울대를 포기하고 연대에 지원했다. 연대가 끌리는 면도 있었다.

'죽는 날까지 하늘을 우러러 한 점 부끄럼이 없기를, 잎새에 이는 바람에도 나는 괴로워했다, 별을 노래하는 마음으로 모든 죽어가든 것을 사랑해야지, 그리고 나한테 주어진 길을 걸어가야겠다.'

윤동주 님의 시비(詩碑)가 있는 곳, 윤동주 님의 숨결이 서려 있는 캠퍼스에서 문학공부를 본격적으로 하고 싶었다. 하지만 연대 본고사의 수학 시험에서 보기 좋게 빵점을 낮고야 발았다. 전부 다섯 문제가 나온 걸로 기억하는데, 한 문제도 제대로 풀지 못한 채 수학시험을 망치고야 말았다.

연대의 수학시험은 서울대와는 달랐다. 서울대가 〈수학의 정석〉이라면 연대는 〈해법 수학〉이라고 할 수 있겠는데, 서울대를 목표로 수학공부를 했던 나에게 연대 문제는 너무두 어려워 보였다. 워낙에 수학을 못하는데다 문제의 경향까지 달랐으니 빵점을 맞는 건 당연한 일이었다.

하지만 후기로 지원한 성대에서는 달랐다. 성대의 수학시험은 서울대 경향과 같아서 본고사로 만회할 수 있었다. 어쩌면 성대 합격생 중에서 제일 낮은 점수일지도 모르는 222점이라는 예비고사 점수로도 성대에 합격할 수 있었던 것이다.

예비고사 222점 점수로 성대 합격이 가능했다는 것은 서울대도 얼마든지 도전해볼 만했다는 애기가 된다. 실제로 예비고사 점수 200점 이하의 수험생들이 본고사에서 만회하여 서울대에 합격한 사례가 적지 않았다는 것을 나중에야 알게 되었지만, 이미 때는 늦어버렸다.

70퍼센트 반영되는 본고사의 국영수에만 고등학교 3년 내내 집중했으면 어차피 본고사에 승부를 걸었어야 했는데 스스로 포기한 채 연대로 하향 지원해 버렸으니, 그 어리석음은 이루 말할 수 없다.

물론 또 한 번의 기회는 있었다. 후기로 가지 말고 서울대를 목표로 재수를 하거나, 혹은 성대에 합격했어도 바로 휴학을 한 채 재수에 돌입할 수 있었다. 그래서 당시 성대 1학년생들은 많은 갈등에 휩싸인 채 대학을 다녔다. 때려치우고 재수를 하느냐, 그냥 다니느냐.

그 상황으로 다시 돌아간다면, 나는 당연히 재수를 택하겠다. 사람들이 '서울대, 서울대' 하는 이유가 있다. 서울대와 연고대가 하늘과 허공의 차이가 난다면, 서울대와 성대는 하늘과 땅의 차이가 난다. 오십에 접어든 나이에 내가 여태껏 일류병에서 벗어나지 못하고 있는 게 아니라, 사회적 평가와 대우가 그렇다는 애기다.

한 가지 예를 들면, 논술 전문 필자의 대우를 받으며 모출판사에서 펴낸 나의 논술 책에는 내가 무슨 대학을 다녔다는 소개가 빠져 있다. 내가 보기에도 성대 불문과 출신이라는 걸 내세우기가 뭐했고 출판사에서도 나의 학력을 공개적으로 밝히길 꺼려해서 그렇게 책이 나온 것이다.

생각해 보라. 서울대 출신이 쓴 논술 책과 성대 출신이 쓴 논술 책 중에서 누가 더 공신력이 있어 보이는지. 귀하가 학부형이라면 자녀를 서울대 출신과 성대 출신 중에서 어느 강사가 가르치는 학원에 보내겠는가.

서울대와 성대의 차이는 비단 논술 책과 학원에만 국한되는 게 아니다. 원하는 대학에 가지 못한 열등감과 패배의식은 사회생활 내내 이어진다. 스스로의 전문성으로 인해 그 열등감을 극복한다고 할지라도 사회적 평가가 따라주지 않는 한계에 봉착할 때가 비일비재하다.

경찰대나 사관학교, 교육대학, 교원대학, 세무대학, 한의대, 항공대, 해양대 등의 특수대학, 혹은 특별학과를 선택하지 않는 경우라면 가능한 한 원하는 대학에 가야 한다.

재수를 해서라도 원하는 대학에 가라. 그래야 나중에 사회활동이 편해진다. 우리 사회는 그 사람의 전문성을 인정해 주는 사회가 아니라 그 사람이 무슨 대학을 나왔는가를 먼저 따지는 사회다.

고민할 필요가 없다. 고3에서 단번에 가면 더 좋겠지만, 재수를 하게 되더라도 그 기간은 기나긴 삶의 여정 속에서 단지 1~2년에 불과하다. 답은 분명하다. 공부를 좀 하는 편이라면, 재수를 해서라도 원하는 대학에 가라. *

영어는 권력이다

머고사는 게 힘든 세상이라고 하지만 영어만 잘해도 얼마든지 먹고 살 수 있다.

자기 자신에게 솔직해지자. 영어를 못하기 때문에 머고살기 힘든 거라고. 직장을 구하는 문제만 해도 그렇다. 영어만 잘하면 원하는 직장을 구할 수 있는 가능성은 상당히 높아진다.

직장인의 자유계발에서 가장 중요한 부분이 바로 어학실력이다. 그중에서도 영어 실력의 중요성은 새삼 거론할 필요도 없을 정도다. 취업 포털 '커리어'의 설문조사에서도 직장인들이 자기계발 비용을 늘리겠다는 분야의 1위가 바로 '영어회화'인

것으로 나타났다.

따라서 영어공부가 자유계발의 전부는 아닐지라도 자유계발에 있어서 상당히 중요한 부분을 차지함을 알 수 있다.

그렇다면 영어 실력을 빠르고 정확하게 향상시킬 수 있는 방법은 무엇인가.

그 비결은 의외로 간단하다. 영어를 잘하려면 영어를 하면 된다. 말장난하지 말라고? 말장난하는 게 아니다. 영어를 못하는 사람들을 보면 영어공부는 하지 않은 채 자신의 영어가 향상되기만을 바라는 사람이 대부분이다. 내가 그랬다. 영어는 하지 않은 채 나는 왜 이렇게 영어를 못할까 고민만 해왔던 장본인이 바로 나라는 인간이다.

내가 처음부터 영어를 못했던 건 아니다. 그러나 나의 영어공부의 정점은 대학입시를 치를 때였다. 그때 나는 영어를 꽤 잘하는 편이었다. 남들이 겨우 독파하는 『성문종합영어』를 일찌감치 끝내고 『영어의 왕도』와 『영어 1200제』를 가볍게 독파하는 것은 물론 영자신문을 정기구독하며 줄줄이 숙독하는 기염을 토했으니, 고등학생치곤 꽤 하는 편이었다. 그래서 형이 나에게 영어는 기본적으로 하니까 불문과로 가라고 권했는지도 모르겠다.

하지만 나의 영어는 그걸로 끝이었다. 후기대 입시를 끝내고 슬슬 멀어지던 영어는 그 후 '영미소설' 같은 영문과 수업을 수강하긴 했어도 좀처럼 추락의 길을 벗어날 수 없었다.

게다가 당시의 대학은 '반미'를 한다며 「타임」지 하나 대놓고 들고 다니기가 뭐한 분위기였다. '반미' 때문에 영어와 담을 쌓고 지낸 건 아니지만, 그런 시류가 영어를 공부하지 않아도 된다는 핑계를 만들어 준 건 사실이다. 또한 소설 창작에 깊이 빠지다 보니 나의 영어 실력은 중학생 정도로 급격히 추락해 버리고야 말았다.

그러던 내가 영어를 다시 하게 된 것은, 기적적으로 술을 끊게 된 3년 전의 일이었다. 술을 끊게 된 것도 교회 덕분이었고, 영어책을 다시 붙잡게 된 것도 교회 덕분이었다.

다시 시작한 나의 영어공부는 성경에서 출발했다. 한글로 번역된 성경을 보니 도통 무슨 말인지 눈에 잘 들어오지 않았다. 그래서 영어 성경을 참조하게 되었고, 차츰 그 횟수가 늘어나다가 급기야는 한국어 예배 대신 영어예배를 찾게 된 것이다.

성경을 제대로 읽겠다는 목표 아래 영어예배에 출석하기로 결심은 했지만, 처음 나가던 날, 조금은 주저되기도 하고 조금은 두렵기도 했다. 목사님 설교를 하나도 못 알아들으면 어쩌지, 외국 사람이 말이라도 걸어오면 어쩌지….

나의 우려는 그대로 적중했다. 찬양은 스크린에 가사를 비

춰 주어서 더러 모르는 단어가 나와도 무슨 뜻인지 이해하며 은혜를 받을 수 있었지만, 문제는 목사님 설교 말씀이었다. 대충 무슨 뜻인지 감은 잡을 수 있었지만, 정확한 내용을 100퍼센트 따라잡을 수는 없었다. 그래도 찬양에서 은혜를 받을 수 있어서 정말 다행이었다. 영어예배에 출석한 보람이 있었기 때문이다.

외국인이 말을 걸어오면 간단한 인사 정도가 전부였지만, 그 한계를 받아들일 수밖에 없었다. 한국인 성도들에게는 내가 영어를 잘 못한다는 것을 솔직히 고백했고, 영어로 성경을 읽고 싶어서 출석하게 되었음을 밝혔다. 그렇게 제발로 찾아온 사람을 영어를 잘 못한다는 이유로 앞으론 오지 말라고 할 교회가 어디 있겠는가.

한 번 나가고 두 번 나가고, 출석 횟수가 늘어갈수록 형제자매들을 사귀게 되었고, 목사님 설교도 점점 잘 들리게 되더니, 어느새 외국인과 농담을 주고받을 정도가 되었으니, 과연 영어예배의 힘은 대단하다.

영어예배만 다니는 나의 신앙생활을 보고 한 친구가 물었다.

"너는 영어를 배우러 교회에 다니는 거니, 하나님께 예배를 드리러 다니는 거니?"

그 질문에 나는 이렇게 대답했다.

"글쎄다. 한국어 예배에선 별로 받지 못하던 은혜를 영어예배에서는 매번 받게 되니, 아무래도 나는 영어예배 체질인가 봐."

사실 그랬다. 한국어 예배보다 영어예배가 더 편하고 아늑하게 느껴졌다. 나도 모르는 사이에 영어가 부쩍 늘은 것은 물론이다. 처음 영어예배에 나갈 무렵, 어휘를 정리할 겸 『해커스 토플 보카』를 본 적이 있었다. 하지만 아는 단어는 별로 없고 모르는 단어만 가득하기에 몇 장 보다가 포기해 버렸다. 그런데 영어예배에 출석한 지 1년 후에 그 책을 다시 보니 정말 신통하게도, 펼치는 장마다 아는 단어가 줄줄이 이어졌다.

영어예배 1년 동안 단지 열심히 출석하고, 성경공부 시간에 가능한 한 얼굴을 많이 보이려고 노력했고, 화장실에 앉아 있거나 욕조에서 온욕을 할 때면 영어성경을 계속 읽는 습관을 이어왔을 뿐인데도, 나도 모르는 사이에 영어가 늘게 된 것이었다.

학원에 다니면 된다고? 글쎄, 학원에서 뭘 배울 수 있을지 모르지만, 학원에서 쓰는 따분한 영어회화 교재보다는 드라마틱한 성경을 읽으며 외국인과 토론을 벌이는 게 더 낫지 않을까?

지금도 나는 영어예배에 출석하고 있으며, 가족들과 소리 내어 기도를 드릴 때면 영어로 기도드리고 있으며, 밤에 잘 때면 꼭 영어성경을 머리맡에 두고 잔다.

아직도 영어를 썩 잘하는 편은 아니지만, 그래도 외국인과의 대화에 두려움을 느끼지 않을 정도는 되었고, 목사님의 설교 말씀을 따라갈 수 있을 정도는 되었으며 성경공부 시간에 궁금한 내용을 질문할 수 있을 정도는 되었다. 영어에 대한 별 강박관념도 없이 이 정도가 되었으니, 그대가 만일 영어에 대한 스트레스 정도가 무척 심하다면, 나보다 훨씬 빨리 영어예배에 정착할 수 있을 것이다.

영어를 잘하려면 영어를 하는 수밖에 없다. 학원을 끊어놓고 한두 번 나가다가 그만두거나, 영어회화 책을 사놓고 앞부분만 보다 그만두는 경험이 있다면, '나는 왜 이렇게 영어를 못하는가' 고민하지 말고, 오늘부터 영어를 하라.

성경 이외에 내가 반복해서 보았던 교재는 『패턴의 원리를 터득하면 진짜 영어가 보인다』라는 책이다. 이 책은 어학 전문 출판사가 펴낸 교재답게 내가 영어회화 책 중에서 제일로 꼽는 권장도서다. 이 책만 입에 달달 붙이면 웬만한 영어회화는 무사통과다. 그 이상은 어휘력에 좌우되는 것이기에 성경을 기초로 해서 각자의 관심도에 따른 책들을 크게 소리 내어 계속 읽어보면 된다.

물론 기초 어휘를 단시일 내에 잡고 싶을 때에는 특단의 조치가 필요하다. 기초 어휘도 다지지 않은 상태에서 CNN을 계속 본다고 해서 무슨 말인지 알아들을 수 있는 것은 아니기 때문이다. 어휘를 잡지 않은 상태에서의 CNN 시청은 영어 청취를 하는 게 아니라, 단지 허공 중에 떠도는 '사람의 목소리'를 듣는 것일 뿐이다.

그래서 일단은 어휘부터 잡아야 하는데, 나의 경우엔 수능 1,800단어부터 잡았다. 『영단어 PLUS』부터 달달 외웠는데, 휴대폰의 도움이 컸다. 생소한 단어를 휴대폰의 영어 단어장에 저장해 두고, 꾸준히 암기한 게 큰 도움이 되었다.

또한 그 책에 달려 있는, 영어 단어의 발음과 한국어 뜻을 같이 녹음해 놓은 테이프를 수시로 틀어놓고 1,800단어를 달달 외워버렸다. 서글픈 일이지만, 나이가 들면 기억력도 쇠퇴한다고 한다. 그래서 그 테이프를 수백 번 반복해서 들었다. 밥을 먹으면서도, 인터넷 서핑을 하면서도, 청소를 하면서도… 틈만 나면 테이프를 틀어놓고 거듭 암기했으며, 틈만 나면 휴대폰의 단어장을 열어서 외우고 또 외웠다.

그리고 나서 『능률 VOCA』를 거쳐 토플 보카와 몇몇 책들을 보고 나면, 어휘의 기반이 다져진다. 주지하다시피 영어 단어를 무조건 암기하는 것보다는 어원을 헤아리며 암기하는 게 백번 낫다. 닥치는 대로 외우는 것은 정말이지 무식한 방법이다.

컴퓨터 정도의 암기력이면 모를까, 어원이 없이는 오래 기억할 수 없다. 어느 정도 기초가 잡힌 후에는 영영사전을 이용하는 게 당연한 일이기에, 그때부터는 어원 설명이 비교적 잘 되어 있는 'merriam-webster'를 이용하면 된다.

일단 어휘를 잡고 나면 영어 공부가 한결 쉬워진다. 아마존 등의 외국 사이트에서 노는 것도 편해지고, CNN이나 BBC 등의 외국 방송을 보다 재미있게 즐길 수 있게 된다.

물론 영어 공부 하면 다들 CNN이나 BBC 시청을 치지만, CNN이나 BBC 등의 방송이 과연 즐길 만한 대상이 되느냐는 문제가 남는다. BBC는 그래도 조금 나은 편이긴 하지만, 국제적인 방송이 아니라 미국과 영국의 24시간 국제뉴스에 불과한 편파 방송에 푹 빠져 있기보다는, 인터넷을 조금만 뒤지면 쉽게 찾을 수 있는, 예를 들면 MIT대나 Princeton대 등의 특강을 즐기는 게 더 낫지 않을까?

영어를 못한다고 낙심하지 말고 제대로 시작하라. 지난 26년간 영어와 담을 쌓고 살아온 필자도 회복의 길로 접어들고 있는데, 나보다 몇 배나 나은 그대가 못할 게 뭐 있는가. *

기획독서를 하라

'**여**기 있는 책을 다 읽고 졸업하리라.'

꿈도 야무지게 나의 대학교 때 목표는 중앙도서관에 있는 책을 전부 읽고 졸업하는 것이었다.

사실 그건 너무도 엄청난 계획이었다. 그때 나의 모교에 몇 권의 책이 있었는지 정확히 모르겠지만 적어도 20만 권은 있었을 테고 4년 동안 20만 권을 다 읽으려면 하루에 150권 이상은 읽어야 하는데, 그런 황당한 꿈을 세우다니. 속독을 한다 해도 5분에 책 한 권을 독파하기란 그리 쉽지 않은 일이었다. 학교 수업은 듣지 않고 하루 종일 책만 읽을 수도 없는 노릇이고.

그래도 나는 이 엄청난 꿈을 새록새록 키워나갔다. 그래, 어차피 고등학교 때 내 별명이 '엄청난 놈'이 아니었던가. 무모하긴 하지만 나는 그 목표를 채우기 위해 뒤줏간에 생쥐 드나들 듯 도서관을 수시로 들락거렸다. 책 뒤에 붙어 있는 대출카드에 내 이름 석 자를 적어놓는 재미 하나로.

나중엔 목표가 대폭 수정되어 도서관의 모든 책을 다 읽지는 못한다 할지라도 적어도 소설책만큼은 다 읽고 졸업하겠노라고 덤벼들었지만, 그것 또한 만만한 목표는 아니었다.

그때 내가 주로 빌려 읽은 책은 외국소설의 번역본이었다. 그런데 신기하게도 대학을 졸업한 지 26년이 지난 지금 회상해보면 그때 무슨 책을 읽었는지 정확히 기억조차 나지 않는다. 딱 한 권, 프랑스 작가인 파트릭 모디아노의 『어두운 상점들의 거리』라는 장편소설이 떠오를 뿐이다. 그도 그럴 것이 그 소설은 나에게 굉장한 충격을 주었다. 아, 소설을 이렇게도 쓸 수 있는 거구나.

『어두운 상점들의 거리』 외에는 무슨 책을 읽었는지 기억도 나지 않는다. 전부 고만고만한 이야기들… 젊은 시절의 그 아까운 시간을 고만고만한 이야기에 파묻혀 허비하다니… 청춘의 그 아까운 시간을 나는 왜 그리 부질없이 허비했단 말인가.

내가 다시 대학생이 된다면 그토록 무모한 독서는 두 번 다시 하지 않을 것이다. 대신 계획을 잘 세워서 중고등학생 시절부터 아주 체계적인 독서를 하고 싶다. 내가 다시 아리랑고개 시절로 돌아간다면, 인류가 그동안 가져온 사유의 흐름을 파악할 수 있는 책을 보다 많이 읽고 싶다.

구체적으로 무슨 책을 읽을 것인가.

당연히 그 독서는 고전 위주가 되어야 한다. 고전 위주의 독서를 하라는 이유가 있다. 기나긴 시간 동안 검증이 되었기 때문이다. 우리 시대의 베스트셀러를 읽지 말고 오랜 세월 검증되어 내려온 인류의 베스트셀러를 읽어야 한다. 또 하나의 이유는, 국경을 쉽사리 넘나드는 국제화 시대에 외국인들과 원활한 교제를 하려면 인류의 고전을 마땅히 읽어야 한다. 그래야 공감대가 형성되고 그래야 문화적 아이콘을 공유할 수 있다.

시중에 떠도는 우리 시대의 베스트셀러를 읽기에는 시간이 너무 아깝다. 대형서점이 베스트셀러 100위 안에 드는 책들 중에서 두고두고 읽을 만한 가치가 있는 책이 과연 몇 권이나 되는가. 한 권이라도 건질 수 있다면 천만다행이고 두 권을 건질 수 있다면 그것은 하늘이 내려준 천복일 것이다.

그러므로 아무 책이나 막 읽지 말고 기획독서를 해야 한다. 기획독서란 자신의 목표를 향해 계획적이고 체계적으로 독서하는 것을 말한다.

따라서 전공 선택은 빠를수록 좋다. 기획독서를 남들보다 일찍 시작할 수 있기 때문이다. 두루두루 폭넓게 읽으라는 말은 정말이지 무책임한 발언이다. 인간의 수명이 1,000년은 되면 모르겠으나 100년을 살기에도 힘겨운 한정된 시간 속에, 눈 깜박할 사이에 고3이 되어 수능을 치러야 하고, 번쩍 하고 번개가 스쳐간 것 같은데 벌써 직장을 구해 사회로 진출해야 하는 급박한 시간 속에서, 교양을 쌓기 위해 폭넓게 읽으라니 말이나 되는 얘기인가.

또한 기획독서를 통해 자신의 장래희망에 따라 어릴 적부터 체계적인 독서훈련을 꾸준히 해야 한다. 예를 들면 법조인이 되고 싶은 학생들은 법학에 맞춘 기획독서를 청소년시절부터 시작할 수 있다.

법학에도 맞추고 이왕이면 대입 논술고사에도 적격인 법학 계열 지망생의 기획독서는 다음과 같다.

법학을 하려면 당연히 『성경』부터 읽어야 한다. 법학의 핵심이 바로 '정의'이기 때문이다. 성경에는 하나님의 '공의'라고 하는 '정의'(Justice)가 상세히 서술되어 있다. 십계명과 같은 율법 이야기가 나오고, 율법을 따를 것인가 말 것인가 하는 문제가 제기되고, 사랑과 평화 이야기가 나온다. 현대 법철학의 근간을 이루는 뼈대가 바로 성경에서 출발하고 있다.

성경을 수시로 묵상하는 한편, 플라톤의 『국가론』과 아리스토텔레스의 『니코마코스 윤리학』으로 기초를 다져야 한다. 주의할 사항은 이 책들이 대입 논술고사에서 어떻게 출제되었는지 반드시 체크해 보고 그 문제들을 직접 원고지에 작성해 보아야 한다는 것이다. 그러고 나서 키케로의 『의무론』, 마키아벨리의 『군주론』, 토머스 모어의 『유토피아』, 프란시스 베이컨의 『신논리학』, 데카르트의 『방법서설』, 존 로크의 『통치론』, 몽테스키외의 『법의 정신』, 장 자크 루소의 『사회계약론』, 임마누엘 칸트의 『형이상학 서설』, 애덤 스미스의 『국부론』, 제러미 밴담의 『도덕과 입법의 원리』, 존 스튜어트 밀의 『자유론』, 예링의 『권리를 위한 투쟁』, 메인의 『고대법』, 막스 베버의 『프로테스탄티즘의 윤리와 자본주의 정신』, 칼 폴라니의 『거대한 변화』, 그리고 존 롤스의 『정의론』 등등의 기본 도서를 탐독해야 한다.

이렇게 많은 책을 언제 다 읽느냐고? 법학과가 없어지고 로스쿨 체제가 가동되는 판국인데, 대학부터 들어가고 나서 읽으면 되지 않느냐고?

축구 국가대표를 생각해 보자. 국가대표 선수 중에 청소년기에 축구를 하지 않고 대학 들어가고 나서 축구를 시작한 사람이 단 한 명이라도 있던가? 법조인도 마찬가지다. 국가대표 축구선수가 어릴 적부터 축구공과 놀듯이 국가대표 법조인이 되려면 어릴 적부터 법학과 놀아야 한다. 그래야 인문학적 소양을 바탕으로 한 인간 존엄의 판결과 변호를 할 수 있으며, 정의와 인권 대신 돈부터 밝히는 우리 법조계를 조금이나마 개혁할 수 있게 될 것이다.

기획독서를 하라. 기획독서를 하는 것은 성공을 앞당기는 실제적인 방법이다. *

자율적으로 공부하라

대학 4학년 2학기 때의 일이다.

은행나무 잎이 교문에서 문과대학으로 이어지는 대성로(大成路) 길을 가득 메우던 어느 가을의 일이었다. 그때 나는 3학점짜리 '소설론' 시험을 치르고 있었는데, 국문학과 시험이었다.

무슨 문제가 나왔는지 잘 기억나지는 않는다. 다만 답안지를 소신껏 채우고 있었을 뿐인데, 문득 이게 대학생활에서의 마지막 시험이라는 것을 알게 되었다. 그렇게도 다니기 싫어했던 대학이었는데, 어느새 졸업이구나 하는 생각이 드니, 울컥, 감회가 새로웠다.

'마지막 시험이니 잘 치러야지.'

이 시험을 치르고 나면 대학에서 시험을 치르고 싶어도 더 이상 치를 수 없다는 걸 알고 나니, 최선을 다해야겠다는 생각이 들었다.

그때였다.

"인석아, 아직 멀었니?"

국문과 교수님의 채근에 고개를 들어보니, 강의실엔 나 혼자 달랑 남아 있었다.

'시간이 아직 20분도 더 남아 있는데 벌써 다 나가다니. 국문과 놈들은 밥도 안 먹고 죽어라고 시험공부만 했나?'

교수님의 채근을 못 들은 척하고 나는 다시 시험지에 머리를 박았다. 국문과 학생들이 일찌감치 시험을 다 끝내고 전부 나가거나 말거나, 나에겐 앞으로 남은 시간 동안 시험에 충실할 수 있는 권리가 주어져 있었다.

그리고 얼마 또 지나지 않아서 국문과 교수님이 나를 또 몰아세웠다.

"인석아, 아직도 멀었니?"

이제는 채근 정도가 아니라 빨리 끝내지 않으면 꿀밤이라도 한 대 갈길 기세의 협박이었다. 이 녀석, 빨리 안 나갈 거야?

그러거나 말거나, 나는 계속 들은 척도 하지 않고 답안지를 마무리 짓느라 골몰했다. 하지만 교수님도 집요했다.

"인석아, 학점은 내 알아서 줄 테니, 제발 시험 좀 끝내자, 응?"

나중에는 순 사정조였다.

'오우, 안 돼요, 교수님. 알아서 주시는 학점은 받기 싫사옵니다. 조금만요!'

나는 나대로 마음이 다급했다.

'1분만 더, 아니, 1초만 더! 내 평생 대학생 신분으로 시험을 치르는 게 이번이 마지막인데, 이렇게 쉽사리 끝낼 수는 없어요!'

"예, 선생님, 다 끝나갑니다. 조금만 더요!"

나는 서둘러 답안의 결론 부분을 쓰느라 심혈을 기울였다.

"에잇, 그만 끝내래도! 학점은 알아서 준대도 그러네!"

참다못한 교수님은 내 시험지를 휙 빼앗아 가버렸다.

'으악, 안 돼요, 교수님!'

나의 마지막 시험은 그렇게 끝나버렸다. 10분은 더 시간이 남았는데 시험지를 강탈당하고 만 것이다.

설사가 났던 것일까, 소피가 급했던 것일까. 그것도 아니면 담배가 무척이나 고프셨던 것일까. 교수님은 빙그레 웃으면서도 단호하게 내 시험지를 수거한 후, 나중에 한번 연구실로 놀러 오라는 말씀만 남긴 채 총총걸음으로 강의실을 빠져나갔다.

그게 대학생 신분으로서의 마지막 시험이었다. 물론 대학원 입학시험이 남아 있긴 했지만, 학창시절을 마무리 짓는 시험은 아니었기에, 그 '소설론' 시험은 두고두고 나의 뇌리를 떠나지 않게 되었다.

교수님은 약속대로 나에게 A학점을 주셨지만, 나는 A플러스를 받지 못한 게 두고두고 아쉽다. 그렇게도 땡땡이를 많이 치고 공부를 안 했어도, 소설가를 지망하는 후배라는 이유 하나로 나에게 A학점을 주신 것만 해도 감지덕지지만, 소설가 지망생이라면 '소설론' 시험에서 당연히 A플러스를 받아야 하는 게 아닌가.

그렇게도 듣기 싫은 강의였는데, 그렇게도 따분한 공부였는데, 이제는 더 이상 그 시절로 돌아갈 수 없다. 대학 캠퍼스를 걸어본 지도 벌써 몇 년이 지났다. 다시 돌아가고 싶어도 이젠 더 이상 돌아갈 수 없다.

공부는 할 수 있을 때 열심히 하지 않으면 평생 후회하게 된다. 그런데도 찾아서 스스로 하는 자율적인 공부를 하지 않고, 마지못해 학교와 학원을 오가는 타율적인 공부에 시달릴 것인가. 기숙학원 같은 데 매달 몇 백만 원의 '타율적 통제 비용'을 꼬박꼬박 갖다 바치는 수험생을 보면 안타까울 뿐이다.

자율적으로 공부하라. 천국과 지옥은 마음먹기에 달려 있다. 싫은 공부를 억지로 하면 여기가 곧 지옥이 되고, 공부에 흥미를 느끼며 재미있게 하면 하루하루가 매일 천국이 된다. 천국에서 살고 싶은가, 지옥에서 살고 싶은가. 이왕에 하는 거라면, 천국에서 자율적으로 공부하라. *

행세하려면
박사학위를 취득하라

마지막 시험을 끝내고 나니 이번엔 대학원 시험이 기다리고 있었다. 불문과 석사 과정 입학시험이었다.

한때 국문과 대학원으로 갈지 불문과 대학원으로 갈지 고민했지만, 불문과 대학원을 선택하게 되었다. 적어도 대학원에서는 기초 문법책과 『어린 왕자』의 강독에서 벗어나, 제대로 된 소설을 만날 수 있으리란 기대감 때문이었다. 나의 계획은 석사 과정을 밟고 나서 군복무를 한 후에 프랑스로 유학을 떠나는 것이었다.

군 문제를 해결하는 것은 내 또래들과 마찬가지로 굉장한 심적 부담을 주었다. 한국학대학원으로 진학하면 군대에 가지 않는다는 것을 알고 한때 고심한 적은 있었지만, 군대 문제와 나의 진로를 맞바꾸고 싶지는 않았다. 한국문학을 전공하는 것은 나에겐 여전히 싱겁게 느껴졌으며, 아리랑고개 시절의 『이방인』에서부터 대학 시절의 『어두운 상점들의 거리』의 충격에 이르기까지, 나를 보다 강하게 이끄는 동력은 불문학이었다.

그래서 치르게 된 불문과 대학원 입학시험은 2과목으로 진행되었다. 1교시인 외국어에서는 영어 대신 불어를 선택할 수 있어서 그런대로 무난한 시험을 치를 수 있었다. 2교시는 전공시험이었는데, 불문학을 선택한 나는 주어진 문제에 답만 잘 쓰면 되었다. 불문학 시험에 어떤 문제가 출제될 거라는 걸 미리 알고 있었던 나로서는 별 문제될 것도 없었다.

역시 미리 알고 있었던 문제 그대로 출제되었다.

〈불문학 문예사조 중에서 2개를 골라, 그 문예사조에 대해 논하시오.〉

눈 감고도 쓸 수 있을 정도로 쉬운 문제였다. 불문학에서의 문예사조, 즉 고전주의, 낭만주의, 사실주의, 자연주의, 상징주의를 다 쓰는 것도 아니고 두 개만 골라서 쓰면 되니 얼마나 쉬운 문제인가. 설령 다섯 개 문예사조를 다 쓰라고 했어도, 슬슬 놀면서 써도 단숨에 써내려갈 수 있는 문제였다. 본교 출신으로서 시험문제를 미리 입수할 수 있었기 때문이기도 했지만, 프랑스의 문예사조는 서울대출판부에서 나온 문예사조 시리즈에서부터 각종 불문학사 서적을 달달 외울 정도로 평소에 섭렵해 왔던 나에게는 정말 손쉬운 문제였다.

그대로 쓰기만 하면 됐는데, 아, 나의 일생을 뒤바꾸는 중대 사건이 발생하게 될 줄이야.

왜 그랬는지는 지금도 모르겠다. 아마도 구태의연한 체제에 굴복하기를 거부하고 고답적인 것을 거부하는 나의 아웃사이더적인 기질이 발동했던 것 같다.

문예사조에서 두 개를 골라서 논하는 대신에 나는 다음과 같은 요지의 답안을 작성하고야 말았다.

"프랑스 문학에서의 문예사조를 고전주의, 낭만주의, 사실주의, 자연주의, 상징주의 등으로 획일적으로 구분하는 것은 온당하지 못한 것이다. 한 작가나 시인의 작품을 어떻게 하나의 문예사조로 규정할 수 있을 것이며, 한 시대를 어떻게 한 가지 사조의 틀 속에 집어넣을 수 있단 말인가.

예를 들면, 낭만주의의 대표 작가로 꼽히는 빅토르 위고의 작품을 보라. 『레 미제라블』을 낭만주의 작품에 속한다고 했을 때, 그렇다면 『레 미제라블』에 고전주의, 사실주의, 자연주의, 상징주의적인 요소는 전혀 없다는 말인가. 고전주의적이고 사실주의적이고 자연주의적이고 상징주의적인 요소도 없는 작품이 있다면 그게 문학 작품인가. 따라서 프랑스 문학의 문예사조는 고전주의, 낭만주의, 사실주의, 자연주의, 상징주의 등으로 구분되어 진행된 게 아니라, 그 다섯 개의 사조가 모두 복합적으로 작용하며 거대한 프랑스 문학을 형성해 왔다고 할 수 있다.”

어디서 그런 엉뚱한 발상이 튀어나왔는지는 모르지만, 그 전에는 전혀 생각지도 못했던 사유들이 마구 튀어나와, 정말이지 힘차게 답안지를 작성해 나갔다.

하지만 그게 끝이었다. 괘씸죄에 걸렸는지, 나는 보기 좋게 떨어지고 말았다. 웬만해서는 본교 출신을 떨어뜨리지 않는 관례도 나를 구제해 줄 수는 없었나 보다.

대학원에 떨어진 지 몇 개월 후, 나는 곧장 군대에 끌려가고야 말았다.

하지만 후회는 없다. 지난 27년을 술독에 빠져 지내다가 가까스로 탈출한 후 술로 허송한 세월을 후회하기는 했지만, 법조인의 길을 걸으면서도 좋은 소설을 얼마든지 쓸 수 있건만 법대에서 인문계열로 진로를 바꾼 것을 후회하기는 했지만, 예비고사 222점의 점수로도 서울대에 지원해서 본고사에서 승부를 걸어보지 않은 것을 두고두고 후회하기는 했지만, 좀 더 신중하게 생각해 보지 않은 채 후기에서 불문학과를 선택한 것을 두고두고 후회하기는 했지만, 대학원 입학시험에서의 전공 답안지를 그렇게 쓴 것을 후회해 본 적은 단 한 번도 없다.

그렇게 고지식한 풍토에서 무엇을 배울 수 있으랴. 하나의 문학작품을 고전주의, 낭만주의, 사실주의, 자연주의, 상징주의라는 규격화된 틀 속에 구겨 넣어서 획일화시키는 학자들한테서 무슨 창의적인 사유를 배울 수 있으랴.

오히려 그때 대학원 시험에 떨어진 것을 감사하게 생각할 뿐이다.

군대에서 제대한 후 부모님은 내가 국문과 대학원에 진학하길 원하셨지만 나의 마음은 단호했다. 알량한 석·박사 학위 따느라 수백 혹은 수천만 원의 학비를 허비할 바에는 차라리 그 돈을 몽땅 도서 구입비에 충당해서 그만큼의 책으로 혼자 공부하는 게 더 낫다는 게 나의 생각이었다.

나의 각오는 일견 비장하고 한편으론 대단하기까지 했지만, 그 후유증은 오래 갔다. 아니, 오래 간 정도가 아니라 평생 지속되고 있다.

모대학에서 국문과 교수를 공채한다기에 지원을 했으나, 학위가 없다는 이유로 보기 좋게 거절당했다. 거절 정도가 아니라, 아예 면접이나 시범강의의 기회도 주어지지 않았다. 소설

담당 교수가 책을 많이 냈으면 됐지 무슨 학위가 필요하냐는 항변의 기회도 물론 주어지지 않았다.

몇 년 전에는 모교에서 '학술적 글쓰기' 교수를 공채한다기에, 어, 학술적 글쓰기라면 바로 나네, 하며 호기롭게 지원했으나, 원서를 접수시킨 후 국문과 교수님을 찾아갔다가 모욕만 당하고 왔다.

"학술적 글쓰기라는 게 학생들 맞춤법이나 띄어쓰기 가르치는 게 아니야. 학위도 없이 가르칠 수 있겠어?"

교수연구실을 빠져나오며 얼굴이 다 화끈거렸다.

'10년이 넘도록 논술을 연구해오며 논술 책을 적지 않게 펴낸 나에게 이런 모욕을 주다니. 정말…!'

슬픔이 밀려왔다. 가슴 저 깊은 곳에서 아픔이 솟구쳐 올라왔다.

'결혼식 때 주례를 서 주신 분이어서 인사도 드릴 겸 아내와 같이 갔는데, 아내 앞에서 이런 치욕적인 언사를 들어야 하다니. 학술적 글쓰기가 논증적 글쓰기와 뭐가 다른가. 그런데도 학위가 없다는 이유로 이런 모욕을 당해야만 하는가.'

석·박사 학위가 없다는 이유로 받아야 했던 모욕은 그게 끝이 아니었다.

논술 책을 펴내게 된 어느 출판사에서는 '비판적 사고'에 대한 논쟁을 출판사와 벌이게 되었는데, 그들은 '비판적 사고'에 대한 서울대 철학과 교수의 논문을 근거로 나를 묵살하려고 들었다. 서울대 철학과 교수라는 타이틀이 학문적 진정성을 담보해 주는 건 아니잖은가. 존 듀이의 '비판적 사고'에 대한 나의 반론은 왜 먹혀들지 않는 것인가. 존 듀이의 학설은 다 옳다는 말이며, 그의 학설을 인용한 서울대 교수의 논문은 죄다 진리란 말인가.

그때서야 나는 뼈저리게 좌절했다. 내가 왜 진작에 공부를 더해서 석·박사 학위를 따지 않았던가!

무엇을 전공해도 좋다. 무슨 직업을 가져도 좋다. 나중에 제대로 행세를 하려면 박사학위를 꼭 따야 한다. 직장생활에 쫓기더라도 꼭 학위를 따야 하고, 사업에 바쁘더라도 반드시 학위를 따야 한다. 세상의 풍토와 체계를 거스르지 말고 순전히 복종하라. 그래야 세상과의 싸움에서 유리한 고지를 점령할 수 있다. 학력 철폐에 선도적으로 앞장서야 할 '국가인권위원회'라는 조직의 직원 공채에서도 박사를 차별적으로 우대하고 있는 게 우리의 엄연한 현실이다. ✱

혼자 있더라도 신독하라

요즘은 사춘기가 초등학교 때 온다고 한다. 하지만 충분한 영양을 섭취하지 못했던 79학번 세대의 사춘기는 대개 중학교 때부터 시작되었다.

사춘기의 신호탄은 어느 날 갑자기 거기에 수염이 나면서 시작되었다. 거기가 따끔거려 살펴보니, 으윽, 수염이 돋아나 있는 게 아닌가. 깜짝 놀랐다. 사춘기의 신체 변화에 대해 아무런 지식이 없던 소년으로서는 기겁을 하고 놀랄 수밖에 없었다.

'이게 어찌 된 노릇인가. 죽을병에 걸린 건가?'

내가 강원도 속초라는 깡촌에서 자랐기 때문은 아닐 것이다. 서울에서 자란 다른 친구들도 아마 비슷한 심리적 갈등을 겪지는 않았을까? 사춘기에 나타나는 각종 성징들에 대한 지식은 서울 친구들도 전무했거나 턱없이 부족했을 것이다.

아버지나 형에게 그 고민을 털어놓았으면 쉽게 해결될 것을, 심약한 시골소년은 혼자서 끙끙 앓기만 했다. 당장 목욕탕 갈 일이 까마득했다. 요즘처럼 집집마다 온수 목욕시설이 갖춰지지 않았던 그때는, 주말에 가족들이 우르르 목욕탕에 몰려가 때 빼고 광내는 게 중대 행사였다.

계산해 보았다. 1주일에 목욕탕을 한 번 가면 1년에 52번. 대학생이 되어 서울로 유학을 떠나기 전까지 아버지, 형과 목욕탕에 같이 가야 하니. 300번이나 더 가야 했다.

'아이고야, 정말 큰일 났다!'

토요일 점심때까지 비실비실하며 고민하는 사이, 거기의 수염은 비 온 다음 잡초 자라듯 쑥쑥 자라날 뿐이었다. 하는 수 없이, 통증을 무릅쓰고 수염을 뽑아버렸다. 아파서 죽는 줄 알았지만, 부끄럽기만 한 신체적 변화를 다른 사람에게 들키는 것보다는 나았다.

그럭저럭 첫 주의 목욕 행사는 무사히 마쳤는데, 그 다음 주가 문제였다. 그 무렵 잠에서 깨어나자마자 거기부터 살펴보는 버릇이 생겼는데, 주중의 어느 날 아침에 보니 수염이 여기저기서 막 올라와 있는 게 아닌가. 그 많은 수염을 죄다 뽑아버릴 수도 없고, 둘째 주 목욕 행사를 앞둔 소년의 긴장도는 최고조에 달하고야 말았다.

'가출해 버릴까?'

차라리 '범생'이 아니었다면 용감무쌍한 가출을 감행하여, 주말마다 있는 목욕 행사에서 벗어날 수 있었으련만, 감히 그런 생각조차 할 수 없었다.

마침내 토요일 오후, 목욕가방을 챙겨 들고 아버지와 형이 먼저 현관문을 나설 때, 뒤에서 쭈뼛쭈뼛할 수밖에 없었다.

"어이, 빨랑 나와!"

남의 속도 모르고, 빨리 나오지 않는다며 형이 마당에서 채근했다. 군기가 빠져서 목욕가방을 챙기지도 않더니, 아예 방에서 꾸물거리는 동생이 곱게 보였을 리 만무했다.

'나 오늘 목욕 못 가는데! 몸이 아파서 목욕 못 간단 말야!'

그렇게 얘기하고 싶었지만, 입이 떨어지지 않았다.

"인석아, 빨리 가자!"

소년이 빨리 나오지 않는다고 아버지도 한마디 하셨다. 그때, 감기몸살 걸렸다며 드러눕자는 생각이 불쑥 들었다. 바로 그거다!

"저어, 몸이 좀 아파서요…."

일부러 오만상을 찡그리며 아픈 척하며 둘러댔다. 그런데 웬 걸, 부엌에 계시던 어머니가 '아군'이 아닌 '적군'이 되어 소년을 목욕탕으로 몰아내셨다.

"감기몸살엔 뜨거운 물에 지지는 게 최고지. 후딱 다녀와라!"

흐이구, 어머니! 소년은 눈물을 머금고 따라나설 수밖에 없었다. 우거지상으로 목욕탕에 끌려가야 했다. 도살장에 끌려가는 소나 돼지가 이런 심정이었을까?

목욕탕에 가서도 거기의 수염을 남들에게 들키지 않으려고 아버지와 형과 등을 돌린 채 후미진 구석자리에 멀찌감치 떨어져 앉았다. 그런데 형에게 들켜버리고 말았다. 형이 소년의 거기에 수염이 나 있는 걸 보더니, 씨익 웃었다. 형은 왜 그때 아무 말도 없이 그저 웃기만 했을까?

그런데 더 큰 문제가 생겨버렸다. 거기에 수염이 마구 돋아나는 신체적 변화를 겪을 무렵, 어느 날 갑자기 거기가 커져버린 것이다. 아침에 잠에서 깨어나 보니 거기가 커져 있는 것이었다. 화장실로 달려가 소변을 보고 나니 다시 작아졌지만, 놀람과 두려움으로 소년의 가슴은 마구 쿵쾅거렸다. 소변을 보고 나서 다시 작아졌기에 망정이지 계속 커져 있었다면 아마 놀라서 기절했을 것이다.

그런 일이 있은 후 어느 날 더 큰 일이 목욕탕에서 벌어지고야 말았다. 거기에 수염이 나는 성징에 익숙해질 무렵이었다. 뜨거운 온탕에서 몸을 불린 후, 각자의 때를 밀고 나서 아버지가 우리 형제의 등을 밀어주는 게 목욕 행사의 하이라이트였다. 형이 먼저 밀고 나서 이윽고 소년의 차례가 되었다.

"여기 엎드려라!"

앉아서 등을 밀던 전과는 달리, 소년은 아버지가 시키는 대로 바닥에 몸을 붙이고 엎드렸다. 엎드린 자세로 아버지의 손길에 등을 내맡기니 편하긴 편했다.

때를 벗겨내니 등도 시원해지겠다 한참 기분이 좋은 찰나에, 오오, 그날따라 아버지는 왜 소년을 엎드리라고 하셨을까? 소년도 모르게 거기가 점점 커지더니, 나중엔 목욕탕 바닥에 부딪쳐 아플 정도로 엄청 커져버렸다.

두 번 밀어주시는 아버지의 손길이 거의 끝나갈 무렵, 소년은 간절히 기원했다.

'오오, 제발, 제발 좀 작게 해주세요!'

하지만 거기는 소년의 의지와는 반대로 좀체 수그러들 기미를 보이지 않았다. 이윽고 두 번째 밀고 나서 때를 씻는 물까지 끼얹어 주셨을 때, 바야흐로 일어나야 할 순간이 되었다.

이대로 일어날 수는 없었다. 거기가 커져 있는 것을 아버지

는 물론 형한테까지 다 들켜버려야 하는 참혹한 일만은 막아야
했다.

'에라 모르겠다. 기절한 척 그냥 엎드려 있자!'

그런 비상한 아이디어가 떠올랐으면 얼마나 좋았을까? 지능
발달이 둔했던 탓인지 그런 멋진 생각은 떠오르지 않았고, 참
담한 심정으로 일어나야 했다.

그런데 일어나자마자 잽싸게 몸을 휙 돌렸지만, 소년의 운동
신경이 둔했던 탓인지, 아니면 거기가 커진 관계로 몸이 둔해
진 탓인지, 그만 아버지가 거기를 봐버렸다.

"허허!"

소년의 얼굴은 홍당무보다도 더 빨개져 벌건 홍옥 사과로 달
아올라 있건만, 아버지는 아무 말씀도 없이 너털웃음을 터뜨리
셨다. 그때 왜 아버지는 아무 말씀도 없이 웃기만 하셨을까?

정말 다행인 것은 그때 이후로 목욕탕에서 소년의 거기는 두
번 다시 커지지 않았다. 엎드려 등을 미는 하이라이트는 계속
되었지만, 엎드려서 등을 밀 때마다 또 커질까 봐 소년은 내내
불안과 초조에 떨었지만, 그런 일은 또 다시 일어나지 않았다.

대신에 엎드려 때를 밀고 나서 소년은 아버지한테서 등판을
한 대씩 얻어맞아야 했다.

다 됐다, 찰싹, 다 됐다, 찰싹! 소년의 거기가 커져 있을까

봐, 작아지라고 아버지가 한 대씩 등을 때려주신 것이다. 눈물이 핑 돌 정도로 아프게 때리는 '철썩!'이 아니라 주의를 환기시킬 정도의 '찰싹'이었다. 그토록 세심한 사랑을 쏟아주시다니, 아버지의 사랑은 그토록 그지없었다. 자식에 대한 아버지의 사랑 덕분에, 소년은 한동안 등을 밀고 나서 한 대씩 얻어맞아야 했다.

그 사건 이후로 소년은 여자를 생각하면 거기가 커진다는 것을 알게 되었다. 책에서 야한 장면을 보면 금세 커진다는 것도 알았다. 고백하건대, 사춘기 시절 나의 독서 편력의 대부분은 성적 호기심에서 비롯되었다. 어쩌면 내가 글줄이나 쓰는 작가가 된 것도 순전히 성적 호기심 때문이었는지도 모른다.

소년의 독서 목적은 순전히 책에서 야한 장면을 찾기 위한 것이었다. 처음엔 주로 궁중에서 벌어진 야사를 다룬 책을 읽다가, 나중엔 소설책 속에 야한 장면이 많다는 것을 알게 되었다. 삼성출판사에서 펴낸 한국단편문학전집을 전부 탐독한 것도 순전히 야한 장면을 찾기 위한 동기에서 비롯된 것이었다.

어쩌면 그 소년이 나중에 작가가 된 것은 고등학교 때 갑자기 찾아온 친구의 죽음 때문이 아니라, 사춘기의 성징을 소설 탐독의 습관으로 길들인 탓인지도 모른다. 형과 같이 쓰던 방을 중학생이 되면서 칸막이를 두어 반반씩 따로 쓰게 되었는데, 혼자 방을 쓰는 자기만의 공간이 사춘기의 성징과 맞아떨어지면서 무지막지한 독서 편력으로 이어지게 된 것이다.

그 무렵 우리의 성적 호기심을 채워줄 유일한 통로는 소설책이었다. 요즘 흔하게 떠도는 동영상 하나 없었고, 무협소설에 빠져서 가방 가득 무협지를 채워 오는 친구들은 적지 않았지만, 「선데이 서울」 같은 야한 잡지를 갖고 올 정도로 용감한 친구는 드물었다.

간혹 야한 이야기가 떠돌긴 했다. 속초에 가면 영랑호라는 호수가 있고, 거기에 '범바위'라는 명소가 있다. 커다란 바위가 마치 범이 엎드려 있는 형상으로 보여서 '범바위'라는 이름을 얻은 곳이다. 얘기인즉슨, 그 범바위에서 사랑을 나누던 남녀가 지나가던 사람한테 들켜서 급히 떨어지다가 거기가 붙어버려서 병원에 실려 갔다는 것이었다. 빨리 떼어내지 않으면 둘 다 목숨이 위태로워지기 때문에, 한바탕 난리가 났다는 것이다.

"정말이야?"

누군가 침을 꼴깍 삼키며 물어보면, 그 얘기를 전해준 친구는 정색을 하곤 했다.

"정말이래도! 내가 어제 집에 가다가 두 눈으로 똑똑히 봤다니까! 공갈이라면 내 손에 장을 지진다!"

그 친구가 언성을 조금 높이며 얘기하면, 순진했던 걸까 무식했던 걸까, 모두들 그 애기를 사실로 믿었다. 그 후 30년 가까운 세월이 흘렀지만, 어쩌다 속초에 내려가 영랑호 산책을 즐기며 범바위를 지나칠 때마다, 야속하게도 그 애기가 먼저 떠오른다. 사춘기의 성징을 아프게아프게 앓고 있던 우리의 가슴을 한없이 부풀게 하던 범바위의 그 전설이.

범바위 전설을 사실로 믿던 소년이 대학에 들어가며 서울 생활을 하게 되었다. 객지생활을 시작하며 소년의 호기심을 자극하던 소설책은 청년의 야한 잡지로 상승해 버렸다. 청년이 하숙을 하던 종로구 명륜동 하숙집에는 「플레이보이」나 「펜트하우스」 따위의 야한 잡지가 돌았으며, 다른 방에서 사정사정해서 빌려온 야한 잡지들을 혼자만 보지 않고 룸메이트한테도 넌지시 건네주는 게 객지에서 동고동락하는 하숙생끼리의 미덕이었다. 때론 여자가 내는 야한 소리가 녹음돼 있는 일명 '쌕쌕이'라는 카세트테이프도 돌았는데, 그런 쌕쌕이는 주로 지장에 다니는 고참 하숙생들 방에서 유입되었다.

혼자 방을 쓰게 된 청소년이나 객지생활을 하며 부모의 통제에서 벗어나게 된 청년들이 가장 유념해야 할 사항 중의 하나는 자신의 성적 충동을 잘 다스려야 한다는 것이다. 성적 충동을 잘 다스리는 것 또한 자유계발의 가장 중요한 원칙 중의 하나다.

객지 생활을 하게 될 경우 특히 주의해야 한다. 누구 하나 자신을 터치할 사람이 없으니, 자칫하다가는 허랑방탕한 세월을 보내게 된다. 젊음의 자유를 구가하는 데에도 적절한 통제가 필요하다. 방탕한 세월 끝에 남는 게 무엇인가. 남는 건 피로와 피곤과 허무와 허탈뿐이다.

혼자 있더라도 신독(愼獨)해야 한다. 신독이란 '홀로 있을 때에도 도리에 어그러짐이 없도록 몸가짐을 바로 하고 언행을 삼가는 것'을 말한다.

자유계발의 전설적인 위인인 이황 선생도 신독을 강조했다. 또한 동양의 고전 『대학』(大學)에 이르길 "군자는 반드시 홀로 있을 때를 삼가야 한다(君子必愼其獨也)"고 하였으며, 『중용』(中庸)에 이르길 "숨은 것보다 더 잘 드러나는 것이 없으며(莫見乎隱), 미세한 것보다 더 잘 나타나는 것은 없다(莫顯乎微). 그러므로 군자는 홀로 있을 때를 삼가는 것이다(故君子愼其獨也)"라고 하였다.

혼자 있더라도 신독하라. 청소년기의 성적 호기심을 생산적 탐구활동에 쏟는 것, 혹은 청년기의 왕성한 젊음을 좀 더 밝고 떳떳한 가치 활동에 쏟는 것, 한 사람의 인생은 그 사람의 성적 호기심과 왕성한 젊음을 어떻게 통제하느냐에 따라 달라진다고 해도 과언이 아니다. 혼자 있더라도 명예를 지켜라. ＊

수시로 체력을 연마하라

여자들은 건강 측정을 어떻게 하는지 잘 모르겠다. 아침에 화장이 잘 받으면 건강상태가 좋은 거고 화장이 잘 받지 않으면 안 좋은 거라고 말들 하지만, 남자인 내가 더 이상 깊이 있게 알 수는 없다.

다만 남녀 공히 써먹을 수 있는 건강 측정법이 있으니, 아침에 밥을 먹을 때 식욕이 있는가 아무 맛도 못 느끼는가를 체크하면 된다. 돼지가 아니고서야 어떻게 아침부터 식욕을 느낄 수 있을까? 식욕은커녕 입맛이 없어 아침밥을 뜨는 둥 마는 둥, 학교나 일터로 뛰어가는 사람들이 대부분이다. 이는 곧 많은 사람들이 건강하지 못한 삶을 살아가고 있다는 뜻이다.

아침부터 식욕을 느끼려면 일찍 자고 일찍 일어나야 하며, 저녁을 조금 먹고 아침을 많이 먹는 습관을 길러야 한다. 실은 이 둘이 서로 맞물려 돌아간다. 아침보다 저녁을 많이 먹는 습관을 들이면 소화시키고 자느라 자연히 취침시간이 늦어지고, 저녁을 조금 먹고 일찍 잠자리에 들면 자연히 일찍 일어나게 되어 아침에 눈을 뜨자마자 허기를 느끼게 되는 것이다. 전문가들은 아침과 점심과 저녁을 3:2:1로 먹는 것이 좋다고들 하는데, 실생활에서는 2:2:1 정도나 2:3:1 정도가 실천할 만하다.

직장에서의 회식도 자연히 점심시간을 이용하는 게 좋다. 저녁 때 회식을 해봐야 술만 먹게 된다. 과음과 과식에 몸만 축나고 늦게 귀가하게 되니 다음날 업무 효율이 떨어지는 건 당연한 결과다.

그런데도 여전히 저녁 회식을 고집하는 상사나 CEO가 있다면, 그 회사의 전투력 약화는 불을 보듯 뻔하다. 그래서 금요일 저녁 때 회식을 하는 거라고? 천만의 말씀이다. 금요일 밤 늦게 술이 떡이 돼서 들어와 토요일 내내 뻗어서 잠만 자는 남편을 좋아할 아내가 어디 있겠는가. 혹은 회식을 핑계로 금요일 밤 늦게까지 아내를 붙잡아두는 회사를 좋아할 남편이 어디 있겠는가. 목구멍이 포도청이라고 먹고살자니 꾹 참고 다닐 뿐이며, 전세금에 주택담보대출에, 이자에 원금을 갚느라 꾹 참고 있을 뿐이지.

그래도 저녁 회식을 고집하는 CEO가 있다면, 그가 비록 CEO라고 할지라도 퇴출대상 1호다. 술을 정 마시고 싶으면 회식을 빙자해 직원들 괴롭히지 말고 혼자 가서 먹거나 술친구들과 마실 일이다.

남자에겐 아주 간단한 측정법이 하나 있다. 아침에 '텐트'를 치는가를 보면 된다. 텐트를 치면 건강이 양호한 거고, 텐트를 치지 못하고 비실비실하면 건강상태가 불량한 거다.

말은 이렇게 딱 부러지게 하지만, 나 자신도 아침에 텐트를 치지 못하던 시절이 있었다. 군대를 제대하고 사회생활을 하며 몸을 함부로 굴려서 그런지, 20대 중반이 넘어서면서 어느 날 갑자기 텐트 치는 게 사라지더니 몇 년 계속되었다. 하긴 아침은 거의 굶다시피 하고, 점심은 간밤의 과음으로 속이 쓰려서 제대로 먹지 못하다가 저녁만 되면 신기하게도 몸이 말짱해져 다시 술을 마시곤 하는 생활이 반복되다 보니, 어느 날 갑자기 아침 텐트의 기둥이 무너져 내렸는지, 꽤 오래도록 감감무소식이 되었다.

게다가 군대에서 다친 허리가 늘 말썽이었다. 나중에는 길을 걷다가 극심한 통증으로 허리를 부여잡고 길바닥에 주저앉은 적도 있었다. 과음에 허리 통증에 반 페인이 되다시피 한 청년을 구해준 사람이 있었으니 바로 고등학교 동창이었다. 서른 살이 되던 어느 날, 보다 못한 그 친구가 운동을 할 수 있는 수련장으로 청년을 반강제로 잡아끌었다. 그곳은 전통무예인 수벽치기와 태껸을 전수받을 수 있는 곳이었다. 수벽치기 강좌는 그 당시 안국동에 있던 '중앙일보문화센터'에 개설돼 있었으며, 친구는 바로 수벽치기 전수자이신 육태안 선생님의 수제자였다.

처음 수련장에 발을 들여놓던 청년의 몰골은 '움직이는 해골'이나 다름없었다. 위장은 펑크가 나기 일보직전이었고, 허리 통증은 계속되었으며, 며칠 전에 술을 마시다 옆자리와 우당탕하다가 다친 발목의 부상으로 잘 걷지도 못하는 상태였다.

그런데 정말 신기하게도 수벽치기를 수련하면서 몸이 변하기 시작했다. 동작을 따라하며 발목을 계속 짓이겼더니 잘 걷지도 못하던 발목이 며칠 후 씻은 듯이 나았고, 허리 디스크에 좋다는 '합장통관'을 틈만 나면 계속했더니 언제 아팠느냐는 듯 어느 날 갑자기 허리 통증이 사라졌다.

그보다 더 신기한 것은, 한 달 가량 지났을까, 어느 날 아침에 갑자기 텐트가 다시 쳐지기 시작했다. 놀라운 변화였다. 다시 부활한 것이다. 하도 신기해서 오늘도 텐트, 그 다음날도 계속 텐트 쳤다고 신이 나서 친구한테 전과를 보고하며, 친구와 같이 낄낄거리며 웃었던 기억이 지금도 선명하다.

수벽치기가 태껸과 다른 점은 수벽치기는 주로 날개(손)를 사용하고 태껸은 주로 발을 사용한다는 점이다. 우리의 전통무예인 수벽치기와 태껸이 나를 살려냈으니, 다 죽어가던 청년을 수련장으로 인도해준 친구, 그리고 언제나 밝은 웃음으로 우리를 지도해 주시던 육태안 선생님에 대한 고마움은 평생을 두고도 갚을 길이 없다.

이 책의 첫 부분에서 술 애기를 하며 뒤에서 밝히겠다고 말했던, 27년간 술독에 빠져 왔어도 아직 살아 있을 수 있는 그 비결이 바로 그동안 꾸준히 수련해온 수벽치기와 태껸 덕분이다.

틈만 나면 운동을 했다. 이른바 '고수 양성반'에 발탁되어 주말이면 정릉으로 삼청공원으로 운동을 하러 다녔다. 중앙일보 문화센터의 답답한 콘크리트 바다에서 벗어나 야외훈련을 할 때면 펄펄 날아다녔다. 과격할 정도로 강도 높은 수련을 하다 보니, 한 시간 수련을 하고 나면 반드시 죽염이나 물로 염분과 수분을 보충하고 김밥이나 떡으로 요기를 해야 할 정도였다.

어느 겨울 날, 삼청공원에서 수련을 할 때의 일이었다. 마침 눈이 내렸다. 눈이 내리는 낭만을 쫓아 작업을 주고받는 아베크족들이 삼청공원으로 모여들고 있었다. 우리는 펑펑 쏟아져 내리는 눈을 맞으며 조금은 청승맞은 몰골로 수련에 열중해 있었다. 둥근 원을 그리며 빙 둘러 서서 몸을 풀던 우리는 동료의 후줄근한 몰골이 웃겨서 조금씩 웃음을 흘리다가 나중에는 눈 내리는 허공을 쳐다보며 한참을 웃어댔다. 남들은 눈 내리는 날의 낭만을 이용해 작업에 열중인데, 청승맞게 이게 무슨 꼴인지.

그 후 20년의 세월이 흘러갔다. 요즘은 집 근처의 초등학교에서 주로 개인수련을 하고 있는데, 우리 가족은 집 근처에 있는 그 초등학교 운동장을 '체육관'이라고 부르고 있다.

수벽치기와 태껸을 세상에서 제일 좋은 운동이라고 말하지는 않겠다. 나에게는 목숨을 구해준 제일 좋은 운동이지만, 다른 운동을 더 좋아하는 분들에게 심적 부담을 주고 싶지는 않기 때문이다.

하지만 우리는 아주 오래전부터 수벽치기와 태껸을 이미 전수받아 왔다는 사실만큼은 분명히 밝히고 싶다. 수벽치기의 기본 수련법이 '손뼉 치기'이고 태껸의 기본 수련법이 '제기차기'다. 굳이 전통무예라는 이름을 붙이지 않더라도, 우리는 아주 어렸을 적부터 손뼉을 치고 놀면서, 혹은 제기를 차고 놀면서 자신도 모르는 사이에 이미 전통무예를 수련해 왔다는 사실. 막대기로 '자치기'를 하며 검술을 익혔고 '말타기 놀이'를 하며 자신도 모르는 사이에 승마술을 익혔다는 사실. 전통무예의 기본은 이미 어렸을 적에 마스터했다는 사실이다.

그런데 우리는 요즘 어떻게 살아가고 있는가. 사방이 시멘트로 둘러싸인 공간에서 콘크리트를 밟으며 살아가고 있는 실정이다. 흙을 밟으며 살 수 있는 기회가 갈수록 줄어들고 있다. 학생들은 체육시간이라도 있지만 회사와 집을 오가는 직장인들은 1년 내내 흙 한번 밟을 기회조차 얻기 힘들다. 또 하나 분명히 말하고 싶은 것은, 헬스클럽이나 휘트니트센터 등의 콘크리트 바닥에서 운동을 하거나 러닝머신 위를 걷는 것보다는 운동장이나 야산의 흙을 밟는 게 백번 낫다는 사실이다.

20년 가까이 수벽치기와 태껸을 수련해온 나의 경험에 의하면, 가장 좋은 운동은 체조와 산책이다. 나의 경우엔 체조가 곧 수벽치기이고 산책이 곧 태껸이지만, 꼭 전통무예를 전문적으로 전수받지 않아도 좋다. 1주인에 한 번만이라도 흙을 밟으며 체조와 산책을 즐기는 시간을 반드시 가지라고 권하고 싶다.

체조와 산책이 얼마나 몸에 좋은가 시험해 보고 싶다면 이런 방법이 있다. 세상에서 가장 편한 자세를 취하고 움직이지 말고 있어 보면 된다. 눈을 깜박거릴 뿐 눈동자조차도 움직이면 안 된다. 대한민국에서 가장 편한 자세로 가만히 있어 보라. 얼마나 버틸 수 있는가? 사람이 사람에게 가할 수 있는 가장 가혹한 체벌 중의 하나가 바로 부동자세를 시키는 것이다. 움직여야 살 수 있는 동물적 특징을 가진 인간에게 부동자세를 시키는 것만큼이나 가혹한 형벌은 찾아보기 힘들다. 이는 곧 사람은 움직이는 동물이라는 것을 보여주는 것이며, 체조와 산책은 곧 움직이는 동물로서의 생물학적 특징을 지닌 인간에게 가장 적합한 운동이 될 수 있음을 보여주는 것이다.

건강을 유지하는 기본 법칙 중 하나가 바로 50분 일하고 10분은 쉬는 것이다. 내가 만일 학교의 교장 선생님이라면 10분 쉬는 시간에는 몽둥이를 들고서라도 학생들을 운동장으로 전부 내쫓을 것이다. 또한 내가 만일 회사의 CEO라면 50분 일하고 10분은 쉬는 근무지침을 강제적으로라도 시행할 것이다. 그 쉬는 시간에는 외부 거래처와 전화통화를 하면서도 체조를 하게 할 것이다. 10분 쉬는 시간을 어기는 직원이 있으면 1차 경고, 2차 시말서 등의 단호한 조치를 취할 것이며, 계속 어기면 차마 권고사직을 시키지는 못하겠고 강제로 의자에서 일으켜서 체조를 하게 할 것이다. 하지만 회사생활에서 매시간 휴식시간을 갖는 것은 현실성이 떨어진다. 따라서 오전 10시 20분부터 10분간, 그리고 오후 3시 20분부터 10분 동안 사내가 떠나갈 정도로 경쾌한 음악을 틀어놓고 10분간 체조를 하는 시간을 가질 것이다. 거래처 손님이 내방 중이면 같이 하면 된다.

그것도 현실성이 떨어진다고? 잘 모르는 말씀이다. 운동은 자유계발의 중요한 원칙 중의 하나다. 취업 포털 '커리어'의 설문조사에서 직장인들이 자기계발 비용을 늘리겠다는 분야의 2위가 바로 '운동'인 것으로 나타났다. 1위인 영어회화가 51퍼센트, 2위인 운동이 43.7퍼센트로 나타났으니, 영어회화나 운동이나 대동소이하다. 많은 직장인들이 운동의 필요성을 절실히 느끼고 있다는 통계 결과다. 상황이 이러할진대, CEO가 앞장서서 운동하는 회사를 만들면 얼마나 좋겠는가. 영어회화만큼이나 중요한 게 운동이다.

흙을 매일 밟아라. 흙을 밟으며 체조와 산책으로 몸을 움직여 주어야 산다.

시간이 없다고? 그렇게 바쁜데 밥은 어떻게 먹고 사는가? 일을 하면서 운동을 하고 공부하면서 운동을 하면 된다. 산책을 하며 영어 단어를 외우거나 회사 업무를 기획하면 된다. 체조를 하며 귀에 영어회화를 꽂고 있으면 된다.

건강을 잘 유지하는 또 하나의 비결은 '두드리기'에 있다. 잠자리에 들기 전에 부부가 매일 서로 안마를 해주면 하루의 피로를 풀 수 있어 정말 좋고, 학교나 직장에서는 옆 사람의 등을 서로 두드려주면 동료애가 싹터서 더없이 좋다. 평상시에는 자기 몸을 스스로 두드리면 된다.

열심히 두드리는 사회, 우리 사회 좋은 사회다. 두드려라, 열릴 것이다! 두드려라, 문이 열릴 것이다! 자유계발의 문아, 활짝 열려라! *

자유계발의 응용

경제활동

경제적 자립은 빠를수록 좋다. 젊었을 때 바닥을 기며 악착같이 경제적 자립을 이룩하지 않으면 나이 들어서 바닥을 기게 된다. 젊었을 때 바닥을 기며 악착같이 돈을 정복하지 않으면 나이가 들어서 그 돈으로부터 무시당하거나 철저히 지배당하게 된다.

경제활동을 염두에 두고 선택하라

경제활동의 출발은 학과 선택에서 시작된다. 대학진학을 앞두고 학과를 잘 선택하는 것은 그 사람의 일생을 좌우할 만큼 굉장히 중요한 일이다. 물론 전공 선택의 중요성은 다들 잘 알고 있는 사항이다. 문제는 전공 선택을 앞둔 당사자가 그 중요성을 잘 깨닫고 있지 못하는 데 있다.

아리랑고개 시절 나는 학과 선택을 너무 쉽게 해버렸다. 그 시절로 다시 돌아가면, 나는 절대 불문학과로 진학하지 않을 것이다. 그때 전공 선택을 너무 근시안적으로 한 것이다.

고등학교 2학년 여름방학 때까지만 해도 소년의 장래희망은 작가가 아니라 법관이 되는 것이었다. 서울대 법대에 들어가 사법고시를 거쳐서 판사가 되겠다는 목표 아래, 비록 시골의 자그마한 고등학교에 다니고 있었지만 나름대로 열심히 공부했다.

그런데 2학년 여름방학 때 소년의 삶에 큰 변화가 일어났으니, 날벼락으로 엄습한 친구의 죽음이었다. 그 죽음은 살아남은 우리에게 큰 충격을 주었다. 그 죽음에 한 친구는 말을 더듬게 되었고 깊은 수렁에 잠겨든 나는 장래희망을 바꾸게 되었다. 법관에서 소설가로. 친구의 죽음으로 인해 존재의 의미에 대해 깊이 침잠하며 사색하는 버릇이 생기게 되었고 그러한 상념이 삶의 본질적인 문제를 다루는 직업인 작가의 길로 인도한 것 같다.

그런데 소설가가 되려면 무슨 학과로 진학해야 할까?

소설가가 되려면 문예창작과나 국문학과로 진학하는 게 정통 코스였건만, 왠지 문예창작과가 개설되어 있는 대학들은 별로 끌리지 않았다. 아마도 나보다 3년 먼저 태어나 일류대에 한 발 앞서 진학한 형의 영향이 컸던 것 같다. 형은 명문 대학에 갔는데 나 또한 좋은 대학에 가야 하는 것 아닐까, 그런 생각을 한 것이다.

문예창작과가 있는 대학들은 일류대 강박증에 빠져 있던 소년의 기대치를 충족시켜 주지 못했고, 국문학과는 왠지 싱겁게 느껴졌다. 국문학이라는 학문은 책을 스스로 구해서 혼자서도 얼마든지 연구할 수 있는 분야이지 굳이 대학에서 전공으로 선택할 필요는 없을 것 같았다.

그렇다면 무슨 학과로 갈 것인가. 다행히도 전기 대학에서는 계열별 모집을 해서 별 큰 문제가 되지 않았다. 그냥 인문계열로 진학해서 나중에 학과를 선택하면 되었기 때문에 큰 고민 없이 전기대 원서를 쓸 수 있었던 것이다.

학과를 선택하지 못한 채 뭉뚱그려 인문계열 원서를 쓴 것은 참으로 무책임한 행위였다. 자신의 장래에 대한 무책임이었다. 그 당시 대입 안내 월간지인 「진학」이라는 책이 있었다. 강원도 속초라는 깡촌에서도 「진학」을 정기구독하며 정보수집에 열을 올렸던 내가 어쩜 그리 무책임한 선택을 할 수 있었는지.

그러나 전기 대학 낙방생에게 후기대학은 그러한 무책임을 용납하지 않았다. 후기대학은 학과별 모집을 했기 때문에 곧바로 구체적인 선택을 해야 했다.

학과 선택 문제로 형과 상의했다.

"형, 국문과는 별로 내키지 않는데 영문과로 가야 할까 봐."

그렇게 얘기했더니 형은 다른 학과를 권했다.

"영문과도 괜찮긴 하지만 영어야 기본적으로 누구나 다 하는 거잖아. 불문과로 가는 건 어떠니?”

불문과? 그래, 불문과도 괜찮은 것 같았다. 영어야 정말 누구나 다 하는 거 아닌가. 마침 학교에서 제2외국어로 불어를 했으니 공부하기도 수월할 것 같았다. 그보다 더 중요한 이유는, 친구의 죽음 이후 삶의 근원적인 실존에 고민하며 탐독했던 카뮈의 소설 『이방인』…. 그 소설을 원서로 읽을 수 있는 불문과로 진학할 수 있다니 정말 생각만 해도 근사한 일이었다.

그렇게 나의 운명은 하루아침에 불문과로 향하고 말았다. 그 선택이 잘못되었다는 것을 대학 진학 직후 곧 깨닫게 되었지만….

카뮈의 ‘이방인’을 꿈꾸며 선택했던 불문과 강의는 정말이지 너무도 시시했다. 기초 불문법 책만 줄줄이 이어지더니, 문학 수업이라고 해봤자 『어린 왕자』를 강독하는 게 고작이었다. 초등학생이나 중학생이 읽는 『어린 왕자』를 불어로 읽는다고 해서 그 내용이 달라지겠는가.

당시 나의 모교에는 전과 제도가 있었다. 2학년에 올라가며 전과를 할 수 있었다. 국문과로의 전과를 한때 고심했으나, 생각만 하고 실행은 잘하지 않는 나의 단점이 발동하여, 그냥 불문과에 머물고 말았다. 불문과에 있으면서도 국문과 강의를 얼마든지 들을 수 있다는 게 그 이유였다.

상심의 시간이 지나다가, 대학 2학년 때 광주사태가 일어났다. 그해 가을, 뒤늦게 정신을 차린 나는 사법고시를 준비한다며 법대 강의를 신청해 들었으나, 한 학기를 넘기진 못했다. 광주사태의 충격이 정의구현을 위한 사법고시로 잠시 이끌었으나, 나의 두뇌 구조는 이미 소설을 통한 사회적 기여, 혹은 소설을 통한 정의구현 쪽으로 한발 전진해 있었던 것이다.

영어는 기본적으로 하니 불어 공부 한다며 불문과를 택하다니…. 법학과에서 연구하는 판례가 한 편의 소설이라는 것을 그땐 왜 몰랐을까. 사학과에서 연구하는 사료가 소설보다 더 재미난 한 편의 멋진 소설이라는 것을 그땐 왜 몰랐을까. 법관이 되거나 역사학자가 되어서도 좋은 글을 얼마든지 쓸 수 있다는 것을 그땐 왜 몰랐을까. 역사학이나 법학에서의 '스토리'가 국문과나 불문과에서의 '스토리'보다 더 많은 현실성을 확보하고 있다는 것을 그땐 왜 몰랐을까.

대학에서의 전공 선택은 화살로 과녁을 조준하는 행위와도 같다. 조준을 잘못한 화살이 어디로 날아갈지는 불을 보듯 뻔하다. 처음에 잘못 조준하면 할수록, 자신이 원하는 과녁에서 한참 멀어져 간다. 처음에 조준을 잘 해야 한다. ✽

친구의 한계를 인식하라

노래방에 가면 조용필의 '친구여'를 애절하게 부르는 친구가 있었다. 그 친구는 고등학교 때 사고를 쳐서 잘린 후 속초고를 나오지 못하고 다른 학교를 졸업했다. 잘린 만도 했다. 그 친구의 별명은 '손도끼'였다. 책가방에 손도끼를 넣고 다녀서 그런 별명이 붙은 거다. 그 손도끼가 나중에 마음을 잡고 어렵사리 대학에 가더니 7급 공무원시험에도 합격해 자신의 삶을 열심히 살고 있다.

내가 제일 마음에 두고 있는 초등학교 때부터의 친구다. 그 친구가 첫 월급을 탔다며 찾아와 돼지갈비를 한턱 쏘던 일이 떠오른다. 그와 함께 술을 마시면 몇 시간이고 대화가 별로 없다. 굳이 말을 하지 않아도 대화를 나눌 수 있고 눈빛으로도 대화를 나눌 수 있다.

그런 친구가 내 주변에 열 명만 있었어도, 나의 삶은 180도로 달라졌을 것이다. 서울에서 고등학교를 나온 사람들이 부러울 때가 많았다. 그들은 막강한 동창회 네트워크를 이용해, 하다못해 월부 책을 팔아도 먹고살 수 있었다.

하지만 강원도 속초라는 '깡촌'에서 서울로 올라온 친구는 그리 많지 않았으며, 그나마 물려받은 재산이 거의 없다 보니 시작부터가 그리 쉽지는 않았다.

그래도 나는 속초 친구들이 좋다. 서울사람들에 비해 사회적 지위는 많이 확보하지 못한 채 서민의 고단한 삶을 살고 있는 친구들이 대부분이지만, 그들과 잠시나마 함께 있으며 속초의 바닷바람 냄새를 맡을 수 있는 게 좋다.

그 친구들이 결혼식 때 많이도 몰려왔다. 친구들 사이에 '괜찮은 놈'이라는 인식이 박혀 있어서가 아니라, 내가 37세에 결혼을 했으니 결혼도 못하고 늙어버리는가 싶었는데 늘그막에 장가를 가는 동창이 신기했나 보다.

결혼식이 있고 나서 나중에 처가댁 어른으로부터 이런 말씀을 들었다.

"야, 이북사람들이 떼거리로 몰려나오는데, 정말 무섭더라!"

결혼식장에서 기념촬영을 마치고 떼거리로 빠져나오던 친구들을 보고 하신 말씀이다. 그분 말씀대로 속초 친구들은 함경도 사투리를 쓴다. 속초에 함경도 실향민이 많기 때문이다. 물론 나의 아버지도 함경도에서 월남하셨다. 특히 청호동이라는 동네는 말투가 완전히 함경도 판박이다. 서울에서 모처럼 속초에 내려가 청호동 바닷가에 바람 쐬러 갔다가 친구를 만나면 "야, 인석이구나. 정말 반갑다!"라고 얘기하는 게 아니라, 대뜸 욕부터 한다.

"야이 간나새끼, 니 언제 내려왔니?"

된장! 여기가 한국이야 이북이야!

그래서 한때는 설이나 추석 때가 되면, 방송사에서 앞다투어 청호동 특집을 내보내곤 했다. 명절날의 실향민 특집이었다.

함경도 피난길에서 재산을 얼마나 갖고 나올 수 있었으랴. 모두들 가난한 상태에서 출발했고, 그 가난을 벗어나려고 서울 사람들보다 두 배 이상의 노력을 해야 했다. 그런 친구들한테서 늘 우정 이상의 그 무엇, 동병상련의 정을 느껴왔고, 세월이 흐를수록 속초에 대한 그리움은 더욱 깊어만 간다.

그래서 속초 동기동창 모임에는 피치 못할 사정이 없는 한 참석하려 애쓰고 있다. 지금은 사정이 조금 나아졌기 때문에 동창회 모임에 얼굴이라도 내밀고 있지, 한때는 동창회에 나가는 것조차도 부담스러울 정도로 어려운 때가 있었다. 친구들 만나기도 부담이 되었다. 밥이나 술을 매일 얻어먹는 것부터가 부담이 되었다. 밥이나 술을 친구가 두 번 사면 적어도 한 번은 이쪽에서 사야 하겠건만 허구헌날 얻어먹는 처지가 되었으니, 친구들 볼 면목이 없었다.

특단의 조치를 내렸다. 휴대폰 번호도 바꿔버리고 소리 소문도 없이 잠수를 탔다. 그런데 어떻게 알고 동창회장이 전화를 걸어왔다.

"어 이 작가, 내일 동창회 있으니 꼭 나와라!"

어쩌고저쩌고 바쁜 일이 있어서 안 된다고 둘러대면, 그는 소리를 빽 질렀다.

"야이 간나새끼, 쌍판 한번 보자는데 웬 잔말이 그리 많씀메!"

어휴! 속초 모임이야, 이북 모임이야! 못 말리는 함경도 2세들이다. 철없던 시절 나의 '돌격 앞으로' 기질은 아마도 함경도에서 나온 것 같다. 수벽치기 은사이신 육태안 선생님도 그렇게 말씀하셨다. 각 지방마다 무예 동작의 특징이 있는데 함경도 사람들은 '돌격 앞으로'는 잘하는데 회전 동작은 잘 못한다고.

걸걸한 바닷가 항구도시에다 설악산의 별쭝난 관광도시에다 함경도 기질까지 트리오로 겹쳤으니, 속초 동창들 20명만 모여도 소주 몇 박스는 기본이고, 옆 좌석 사람들이 보면 ‘저 사람들 동창회 하는 거야, 서로들 싸우고 있는 거야’ 하고 혀를 내두를 정도였다.

친구들 중에는 돼지를 키우며 고학을 한 끝에 변호사가 된 친구도 있고, 대기업의 임원으로 출세한 친구도 있고, 결혼을 하고도 독서실을 들락거린 덕분에 뒤늦게 건축사가 된 친구도 있지만, 많은 친구들이 고만고만한 회사에 목을 매고 있거나 작은 사업체를 운영하고 있다.

그런 바닷바람 친구들이 무척 보고 싶고 만나고 싶지만, 친구의 한계는 분명했다. 인류는 오래전부터 친구들과 공동체가 되어 함께 할 수 없는 사회적 구조를 이루어 왔다. 공부도 각자 알아서 해야 하고, 돈도 각자 알아서 벌어야 하고, 결혼해서 집도 각자 알아서 사야 한다. 친한 친구라고 해도 공부를 대신 해줄 수 없고 돈을 대신 벌어줄 수 없으며 집을 대신 사줄 수는 없다.

물론 ‘야마기시즘’을 함께 할 수도 있다. 야미기시즘은 ‘서울대 2008학년도 수시2 논술고사’에 출제되었던 공동체 운동이다. 그들은 ‘돈이 필요 없는 사이좋은 공동체’를 꿈꾸고 있다. 무소유(無所有)를 삶의 근본 가치로 삼고 있기에 그 공동체는 돈이 필요 없는 사회이며, 필요한 물건은 누구나 무료로 사용할 수 있다.

하지만 우리는 야마기시즘 공동체에서 살고 있는 게 아니라 일반 사회에 살고 있다. 일반 사회에 살고 있는 친구 사이에는 사회적 공동체를 같이 이룰 수 없다는 한계점이 있다. 이를 분명히 인식해야 한다. 친구 사이의 우정에 금이 가는 경우의 대부분은, 이 한계점을 뛰어넘는 부탁을 하거나 도움을 주려는 노력에서 비롯된다. 우정의 측면에서 보면 어려움에 처한 친구를 돕는 게 당연한 일이겠지만, 그 도움에는 분명한 한계가 있다. 내가 먹고사는 게 더 급하다는 한계다. 이 한계를 인식하고 친구를 만나야 한다. 그래야 친구 사이가 오래 가고, 서로에게 좋은 영향을 주는 오랜 벗으로 남을 수 있다.

고등학교 때 게마인샤프트와 게젤샤프트를 배운 적이 있다. 게마인샤프트가 공동사회라면 게젤샤프트는 이익사회다. 그것은 책 속에만 존재하는 죽어 있는 이론이 아니라 우리의 생활 속에 적용되는 살아 있는 원리다. 고등학교 때까지는 게마인샤프트적인 우정이 가능하겠지만, 고등학교를 졸업하게 되면 곧바로 게젤샤프트로 진입하게 된다. 게젤샤프트에 살고 있는 사람이 게마인샤프트의 우정을 추구하기에는 무리가 있다. 게마인샤프트 때 사귄 친구들을 만날 때도 마찬가지다. 친구가 있다는 것은 내 곁에 누군가 있다는 안도감 정도, 혹은 나도 아는 사람이 있다는 정도일 뿐이다.

　한번 손으로 꼽아보라. 공동체를 구성해서 같이 살고 싶은 친구가 몇 명이나 되는가. 친구를 떳떳하게 만날 수 있어야 하고, 친구의 한계를 분명히 인식하는 것 또한 자유계발의 경험칙이다. 이 경험칙을 빨리 깨닫고 실천할 수 있다면, 자유계발의 척도를 잘 지키고 있다고 할 수 있다. 친구에게 기댈 생각을 버리고 친구를 도와줄 수 있는 사람이 되어야 한다. *

경제적 자립은
빠를수록 좋다

다시 옛날로 돌아갈 수 있다면 늦어도 중학교 때부터는 경제적 자립을 이루고 싶다. 완전한 자립은 이룰 수 없다 할지라도, 중고등학교 때부터 아르바이트를 해서 돈을 벌며 등록금과 책값은 물론 용돈 정도는 스스로 해결하고 싶다.

그러지 못한 게 한이 된다. 청소년기는 물론 대학에 다니면서도 등록금과 하숙비뿐만 아니라 용돈까지도 부모님께 의지했으니, 정말 한심하다.

물론 대학교 때 아르바이트를 하긴 했다. 대학생이면 손쉽게 할 수 있는 과외지도를 했으며, 심심찮게 들어오는 원고료 수

입이나 현상공모의 당선 상금은 꽤나 짭짤했다.

대학 1학년 때 첫 상금을 받았는데, 현상공모 상금치고는 많지 않아서 원고료로 3만 원을 받았다. 그래도 1979년도 종로구 명륜동 하숙비가 6만 원 정도였으니 꽤 되는 큰돈이었다.

그중에서 22,000원은 학교 앞 술집의 외상값을 갚거나 친구들한테 한턱 쏘는 데 썼고, 나머지 8,000원은 속초에 부쳐드렸다. 방학 때 속초에 내려가니 어머니는 그 돈으로 쌀과 쇠고기를 샀다며 흐뭇해 하셨다.

하지만 그게 전부였다. 왜 그때 완벽한 자립을 생각하지 못했을까? 과외지도를 하며 등록금에 조금 보태기는 했어도, 전적으로 부모님께 의지했던 '경제적 무능력'이 부끄럽기만 하다.

그렇다고 집안 형편이 넉넉한 편은 아니었다. 아버지는 고등학교의 사회과 교사로 교편을 잡고 계셨는데, 당시의 교사 월급은 늘 빠듯한 편이었고, 상여금 제도도 지금처럼 활성화되지 않은 상태였다. 그런 아버지가 함경도에서 단신 월남하셔서 중고등학교 교사가 되시고, 집도 장만하고, 세 자녀를 대학까지 전부 보낸 것을 보면, 정말 대단하시다.

형과 내가 동시에 대학에 다닐 때가 특히 힘들었다. 내가 대학 1학년 때 3년 위의 형은 1학년 때 재수를 한다며 1년 휴학을 해서 3학년에 머물러 있었다. 집안 형편이 뻔하다 보니 형이 먼저 군대에 가겠다고 나섰다. 교사 월급으로는 자식 둘을 동시에 대학에 보낼 수 없었기 때문이다. 사실 형은 군대에 가지 않아도 되었다. 이과를 전공했던 형은 카이스트에 가면 군 면제의 혜택을 받을 수 있었다. 보다 못한 나는 형 몰래 해병대에 지원할 생각으로 남산의 병무청을 찾았지만, 해병대 입대는 시력에서 걸렸다. 그때 그냥 휴학해 버리고 먼저 육군에 입대했으면 좋았을 것을. 그러면 형은 군대에 가지 않아도 되었을 것을.

기어코 형이 먼저 군대에 갔고, 그런 형은 나중에 복학해서 대학을 마친 후, 그때서야 카이스트에 갔다. 그 일은 형에게 두고두고 미안하다. 싶지 않은 결정이었을 텐데, 동생을 위해 군 면제를 포기했던 형의 형제애에 두고두고 미안한 마음이다.

그땐 내가 왜 그렇게 생각이 없고 어렸을까?

비단 형의 군대 문제뿐만이 아니다. 경제적 부담으로 왜 그렇게 부모님의 허리가 휘게 했을까?

나중에야 알게 되었다. 자식들 등록금에 보태려고, 어머니가 우리 몰래 속초의 '수산물 가공 공장'에 다니셨다는 것을. 나중에 그 사실을 알게 되었을 때, 솟구쳐 오르는 눈물을 참을 수 없었다.

'아, 어머니!'

지독한 비린내 속에서 종일 생선을 만져야 했을 어머니를 생각하면 가슴이 미어진다.

그때 왜 내가 경제적 자립을 이루지 못했던 것일까? 아니, 그럴 생각조차도 없었다. 등록금과 하숙비와 책값과 용돈은 당연히 부모님께 타 쓰는 것으로만 생각했으니, 그 어리석음은 이루 말할 수 없다.

그때 아르바이트를 하지 않은 것은 아니었다. 대학 3, 4학년 때는 불어로 남을 가르칠 정도는 되어서, 프랑스 유학을 준비하던 학생이나 타 대학 불문과 1학년생들의 기초불어를 가르쳤다.

또한 어떻게든 돈을 벌어보려고 종로5가에 있는 월부책 회사를 찾아가기도 했다. 그러나 카탈로그를 잔뜩 받아오기는 했지만, 단 한 건의 소득도 올리지 못한 채 며칠 못 가 그만두어야 했다.

그게 전부였다. 무슨 수를 써서라도 경제적 자립을 이루어야겠다는 생각은 애초부터 없었다. 단지 돈을 조금 벌어서 어떻게 하면 술을 더 마시고 담배를 사 피우고, 그러다 남은 돈이 있으면 등록금에 조금 보태겠다는 아주 못된 마음뿐이었으니, 과외지도도 하고 싶으면 하고 하기 싫으면 때려치우길 반복하고 월부 책 판매에서 단 한 건의 세일즈 실적도 올리지 못한 건 당연한 일이었다.

배고픈 걸 너무 몰랐다. 돈을 벌어야 살 수 있다는 것을 너무 몰랐다. 돈을 벌기 위해 중고등학교 때부터 착실히 준비하고, 대학 땐 준비를 보다 많이 해야 한다는 것을 잘 몰랐다.

그래서 경제적 자립을 하루라도 빨리 해봐야 한다. 등록금이 문제가 아니다. 어릴 적부터 경제관념을 갖추어야 한다. 경제 관념을 갖추는 게 돈을 직접 버는 것보다 더 중요하다. 과외지도가 여의치 않으면 방학을 이용해 막노동을 해도 되고 식당에서 일을 해도 되고 배를 타도 된다. 실제로 바닷바람 친구들 중에는 방학 때 막노동을 하거나 오징어잡이 배를 타서 등록금을 마련한 친구들이 있었다. 일찌감치 경제적 자립에 도전했던 그 친구들은 지금은 다들 잘살고 있다.

경제적 자립을 하루라도 빨리 이룩하는 것. 자유계발의 기본 원칙이다. 경제적 자립은 빠를수록 좋다. 젊었을 때 바닥을 기며 악착같이 경제적 자립을 이룩하지 않으면 나이 들어서 바닥을 기게 된다. 젊었을 때 바닥을 기며 악착같이 돈을 정복하지 않으면 나이가 들어서 그 돈으로부터 무시당하거나 철저히 지배당하게 된다. *

첫 단추를 잘 끼워라

"**춥**고 배고플 텐데요."

대문 앞에서 들려오는 소리에 소년은 귀를 쫑긋 세웠다. 고등학교 3학년 때의 일이었다. 아버지와 앞집 선생님이 대문 앞 계단에 앉아 말씀을 나누고 계셨는데, '춥고 배고프다'는 것은 앞집 선생님의 말씀이었다. 아마 그 분들은 소년의 장래에 대한 말씀을 나누고 계셨던 것 같다.

더 이상은 들을 수 없었다. 등 뒤의 마당에서 들려오는 발자국 소리를 들으셨는지 두 분의 말소리가 갑자기 작아지더니, 갑자기 일어로 대화를 나누기 시작하셨다.

두 분이 일어로 대화를 나누는 것을 목욕탕에서 한 번 들은 적이 있었다. 뿌연 목욕탕 김 속에서 일본 말이 허공을 마구 날아다니고 있는데 무슨 내용인지 도통 알아들을 수 없었다. 아마도 아이들이 들으면 안 되는 비밀스런 대화를 나누고 계셨던 것 같다. 일제 때 태어나 학교를 다녀서 일어를 잘 구사할 수 있는 아버지 세대의 특권이라고 할 수 있다.

갑자기 튀어나오기 시작한 일어에 남의 대화를 엿듣는 재미를 포기한 채 소년은 다시 집 안으로 들어와야 했다. 하지만 소년에 관한 대화였다는 것만은 분명했다. '춥고 배고프다'라는 말 앞에 '인석이'라는 소년의 이름이 들렸기 때문이다.

더 이상의 대화는 엿들을 수 없었지만, 법관이 되겠다는 생각을 버린 채 작가가 되겠다고 나선 소년의 장래를 걱정하는 대화였다는 것은 확실했다. 자식의 장래를 걱정하며 상의할 수 있을 만큼 두 분의 우정은 각별하셨다. 소년의 아버지는 사회과 교사였고 앞집 선생님은 영어 교사였다. 고향도 함경도로 똑같고 직업도 교사로 똑같고 사는 집도 앞뒷집이어서 두 분은 무척 친하게 지내셨다. 물론 여든을 넘긴 연로한 연세에도 두 분은 지금도 여전히 친하게 지내신다.

"춥고 배고플 텐데요."

앞집 선생님은 심각하게 말씀하셨지만, 소년에게는 조금도 심각한 문제가 아니었다.

'작가는 춥고 배고프다….'

그 문제를 조금이라도 심각하게 받아들였더라면 소년의 앞으로의 삶이 덜 고달팠을 것을, 그땐 정말 소년이 앞으로 춥고 배고프게 살게 될 줄은 꿈에도 몰랐다.

대학생이 되어서도 마찬가지였다. 경제관념도 없었고 무엇을 하며 살 것인가는 분명했지만 구체적으로 돈을 어떻게 벌어서 먹고살 것인가에 대한 준비는 전혀 없었다. 글을 쓰며 살겠다는 것은 분명했지만 글만 써서는 돈이 잘 되지 않는다는 것을 까마득히 몰랐던 것이다.

'그냥 열심히 쓰면, 그럭저럭 먹고살 정도는 되지 않을까?'

그런 생각조차도 하지 못했다. 10년 후, 20년 후, 어떻게 먹고살겠다는 생각은 아예 하지 않고, 오로지 소설에 미쳐서 소설만 쓰며 지냈다.

대학 2학년 때 『어린 왕자』를 강독하던 '불산문' 시간의 일이 떠오른다. 소설에 미친 청년은 주로 뒷자리에 앉아서 수업은 아예 들을 생각은 하지 않고 원고지에 고개를 파묻은 채 소설만 끄적거리는 기이한 행태를 보이고 있었다.

그러던 어느 날, 정신없이 소설을 만들고 있다가 그만 교수님이 청년의 바로 앞에 오신 것도 알아채지 못했다. 교실 안이 조용해져서 이상하다싶어 고개를 들었더니 교수님이 바로 앞에 서 계신 게 아닌가.

'으으, 난 이제 죽었다!'

청년의 얼굴은 울상이 되었지만 교수님은 청년의 하늘색 원고지를 아무 말씀도 없이 쳐다보며 빙그레 웃음만 지으셨다. 그러시곤 곧 앞쪽으로 발길을 돌리셨다.

'쟤는 원래 저런 애니까…'

아마도 그 교수님은 그렇게 생각하셨을 것이다. 쟤는 원래 소설에 미쳐 있는 애니까…. 사실 그랬다. 모교에서 청년은 '소설 쓰는 아이'로 통했다. 조금 으스대는 말로, 좁아빠진 명륜동 캠퍼스에서 '청년작가 아무개'를 모르면 간첩이었다. 지금 생각하면 하나도 으스댈 게 없는데도 말이다. 정말이지 조금도 으스댈 게 없다.

'불문과의 이인석이 졸업하기 전까지는 교내 현상공모는 꿈도 꾸지 마라'는 말이 국문과 학생들 사이에 나돌 정도로 모교에서 주최하는 각종 현상공모를 휩쓸 정도의 괴력을 떨치긴 했지만, 장차 어떻게 먹고살 것인가에 대한 준비는 전혀 하지 못했으니, 으스댈 게 조금도 없는 것은 물론 오히려 꼴불견이었다는 지탄을 받아 마땅하지 않을까?

졸업 후에 대한 준비를 얼마나 하지 않았냐면 하다못해 교사

자격증 하나 따지 않고 졸업했다. 2학년인가 3학년에 올라갈 때 신청하게 되어 있는 교사 자격증 과정을 수강했더라면, 고등학교에서 불어 교사를 하며 먹고사는 문제를 해결할 수 있었을 텐데, 그런 생각조차 하지 못했다.

장래에 대한 그런 무책임은 군대 제대 후 곧바로 나타났다. 제대 후 1년은 그래도 괜찮았다. 속초 집의 골방에 틀어박혀서 소설만 썼기 때문이다. 하지만 1년의 결과는 참혹하게 나타났다. 6편의 단편을 갈고닦아서 중앙일간지의 신춘문예에 6군데나 응모했건만 당선은커녕 최종심에 오른 작품조차 없었다.

벼룩도 낯짝이 있지, 더 이상 집에 얹혀 살 수는 없었다. 무작정 상경하여 어느 잡지사에 이력서를 냈더니 덜컥 합격해 버렸다. 그렇게 해서 출판계로의 고단한 여정이 시작되었던 것이다. 잡지사로 출판기획사로 주간신문사로 출판사로….

그때 왜 보다 번듯한 직장을 꿈꾸지 못했던가. 남들보다 글을 조금은 잘 쓸 수 있는 주특기를 살려서 일간신문사의 문을 두드리거나, 아니면 광고회사나 기업체 홍보실로 진출할 수도 있었을 것을.

당시만 해도 출판계의 복지수준은 바닥을 헤매고 있었다. 요즘은 그렇지 않은 데가 차츰 늘어나고 있지만, 아직 멀었다. 그래서 첫 단추를 잘 끼워야 하건만 실정이 이러해도 적지 않은 대졸자들이 출판사 문을 두드리는 이유 중의 하나는, 책을 좋아하기 때문이다. 책을 좋아하는 그 병은 너무도 고질적이다.

'자기가 하고 싶은 일을 하라'거나 '너희 하고 싶은 대로 하라'고 떠들어대는 사람들이 있는데 정말 무책임한 인간들이다. 그런 식의 발언은 10대나 20대들에게 상업적인 호응을 얻을 수 있을지는 모르지만 그들의 삶을 철저히 망치는 망언임을 알아야 한다. 사람이 어떻게 자기가 하고 싶은 일만 하며 살아갈 수 있는가? 한번 생각해 보라. 자기가 하고 싶은 일만 하며 살아가는 사람이 이 세상에 단 한 명이라도 있는지! 그런데도 자기가 하고 싶은 일을 하라고? 너희 하고 싶은 대로 하라고?

자기가 좋아하는 일만 하며 살고 싶으면 춥고 배고픈 건 감수해야 한다. 출판뿐만이 아니다. 얼마 전에 대학 동아리 선배를 만났더니 아들이 미술을 하겠다고 해서 걱정이 이만저만이 아니라고 했다. 그림 그리는 걸 좋아하는 것을 말릴 수는 없다. 음악이나 다른 그 무엇도 마찬가지다. 문제는 자기가 좋아하는 일을 해서 어떻게 경제생활을 꾸려갈 것인가를 심각하게 고민하고 구체적인 계획을 세워서 준비해 나가야 한다는 것이다.

그림을 그려서 그림을 팔고, 음악을 해서 음악을 팔고, 다른 그 무엇을 해서 그 무엇을 팔아서 살아가겠다는 것은 너무도 무모한 생각이다. 다들 자기 먹고살기 바쁜 세상 사람들이 그렇게 호락호락하게 자신의 그림이나 음악이나 다른 그 무엇을 사주겠는가를 한 번 생각해 보라.

일반 기업체에 다니는 회사원들이라고 마음이 편할 리 없다. 온라인 취업사이트 사람인과 리서치 전문기관인 폴에버가 공동으로 조사한 결과, 직장인의 35.4퍼센트가 자녀들이 '공무원'이 되길 바라고 있었다. 적지 않은 직장인들이 자녀들만큼은 안정적인 직업을 갖길 원하고 있는 것이다.

"애들아, 너희는 커서 꼭 공무원 해라! 그래야 제대로 먹고살 수 있단다!"

오늘날 대한민국의 현실이 이렇다. 적지 않은 사람들이 공무원을 선망하는 사회가 과연 건강한 사회라고 할 수 있을까? 국민들은 고단한 삶을 꾸려가고 있는데 공무원들만 살판난 국가를 과연 건강한 국가라고 할 수 있을까?

누구를 탓하겠는가?

이 미쳐 돌아가는 사회를 어쩌면 좋으랴!

자신이 저지른 모든 행위의 결과는 스스로 책임져야 한다. 자신의 삶은 자기 스스로 책임져야 한다. 대한민국 사회에서 굶어죽지 않고 살아남으려면, 사회의 질서와 체제에 두 무릎 꿇고 굴복하며 첫 단추를 잘 끼워야 한다! *

돈을 벌고 싶으면
장사를 하라

"**돈**을 벌고 싶으면 장사를 하라"는 말이 있다. 사실이다. 장사를 해보니 돈을 많이 벌 수 있었다. 그렇다고 번듯한 장사를 한 것은 아니다. 불법 노점을 했으니 장사는 장사로되 제일 밑바닥 장사를 한 것이다.

두 번째 직장에서 세 번째 직장으로 옮겨가는 사이에, 무엇을 하며 먹고살까 고민하다가 직장생활을 하지 말고 장사를 하면 어떨까 하는 생각을 했다. 그런데 장사 밑천이 그리 넉넉지 않았다. 수중에 남아 있는 30만 원으로 할 수 있는 일은 그리 많지 않았다. 며칠 고민을 하다가, 노점에 뛰어들기로 마음먹었다.

처음에는 출판사에서 단행본을 싸게 사서 팔았다. 대학교 정문 앞에 처음 노점을 펼치던 날, 얼마나 두렵고 부끄럽고 떨리던지.

'이렇게까지 해야 하나. 그냥 다시 직장에 들어갈까?'

마음을 돌려먹을까 몇 번이고 망설이다가 '이왕 이렇게 된 거 갈 데까지 가보자'며 굳게 결심했다.

'딱 3개월이다. 3개월만 해서 돈을 왕창 버는 거야!'

그때의 목표는 짧은 시간에 돈을 많이 벌어서, 먹고사는 걱정 없이 틀어박혀서 소설만 쓰며 살아가는 생활을 하는 것이었다.

첫날 순이익은 10만 원. 자취방의 한 달 월세를 육박하는 거금이었다. 돈 버는 재미가 쏠쏠했다. 노점을 처음 펼쳐놓았을 때의 화끈거림도 돈 버는 재미에 파묻혀 무뎌지고 점차 얼굴이 두꺼워졌다. 대학을 졸업한 지 5년 만에 노점상이 되어 모교의 정문 앞에 나타난 자신의 처지에 대한 창피함은 빠른 속도로 사라져버렸다. 그것은 순전히 돈 버는 재미 때문이었다. 후배들에게 사회과학 서적을 싼 값에 보급한다는 생각은 작은 위안이 될 뿐 진실은 아니었다.

시간이 지날수록 욕심이 생겼다. 하루 장사에 회사 임금의 일당에 비하면 몇 배나 많은 돈을 벌 수 있었지만 성에 차지 않았다. 책장사보다는 대학로에서 옷 장사를 하는 게 더 나을 것 같았다.

업종을 바꿔서 옷 장사에 뛰어들었다. 을지로에서 앵글로 전시대를 짜고 종로6가에서 비닐가죽으로 전시대 가방도 만들었다. 행거와 바닥에 깔 돗자리도 구입했다. 옷은 동대문시장에서 도매로 사왔다.

만반의 준비를 하고 대학로로 향했다. 노점을 할 만한 자리를 미리 봐둔 건 아니었다. 무작정 진출했다. 자가용이 있는 것도 아니어서 그 무거운 짐을 어깨에 메고 양손에 들고 지하철로 대학로에 도착해 보니, 마로니에 공원 옆의 예총회관 앞에 마침 빈자리가 있었다.

1988년 봄만 해도 대학로는 노점상의 천국이었다. 88올림픽을 맞이하기 위한 '거리정비사업'이 대대적으로 벌어지고 있어서 종로에서 쫓겨온 노점들로 대학로는 북새통을 이루고 있었다. 그런데도 마침 예총회관 앞에 빈자리가 있어서, 임자 있는 자리건 말건, 떡하니 거리의 옷가게를 창업해 버렸다.

지금도 미스터리다. 노점을 하기에는 대학로에서 제일 좋은 노른자위 땅에 왜 아무도 말뚝을 박지 않았을까? 너무 좋은 자리다 보니, 아무도 감히 노점을 차릴 엄두조차 못 냈던 걸까?

"여기가 당신 땅이오?"

그 자리에 말뚝을 박아두었던 다른 노점상이 오면, 이렇게 얘기하며 버틸 참이었다. 다행히도 그런 사람은 나타나지 않아서, 대학로 창업에 무사히 성공할 수 있었다. 첫날 매상은 60만 원. 너끈히 30만 원이 떨어졌다. 이대로 가면 벼락부자가 될 것 같았다.

물론 어려움도 많았다. 중고차라도 하나 있으면 좋으련만 매번 옷과 도구를 지하철로 옮겨야 하는 번거로움에서부터, 종일 거리의 먼지를 마셔야 하고, 점심과 저녁을 길바닥에서 대충 때워야 하고, 화장실도 마음대로 갈 수 없는 것은 물론, 재수 옴 붙은 날이면 단속반에 쫓겨야 했다.

'한 평이라도 좋으니, 내 가게를 가질 수 있다면 얼마나 좋으랴!'

작은 구멍가게라도 하나 갖고 있는 사람들이 그렇게 부러울 수 없었다. 단 한 평의 공간이라도 있으면 무슨 장사건 마음껏 할 수 있을 것이었다. 우리는 때론 스스로의 처지가 행복한 건 모르고 자신을 비관할 때가 있다. 직장인은 아침에 출근해서 일하면 매달 꼬박꼬박 월급을 받을 수 있는 자신의 처지를 힘들어할 수 있으며, 가게를 하는 사람들은 거리의 먼지를 막아 줄 공간에서 장사를 할 수 있는 자신의 처지를 오히려 힘들게 생각할 수 있다. 화이트칼라의 아늑한 책상 대신, 점포 운영자들의 포근한 공간 대신, 거리의 비바람과 싸워나가는 사람들이 있다는 것을 문득문득 잊어버린 채.

심지어는 자릿세를 뜯으러오는 '깍두기'들도 있었다. 하지만 그들은 별로 신경 쓰지 않았다. 청소비 내놓으라고 으르렁거렸지만, 어느 집 개가 와서 이렇게 짖는가 하며 무시해 버렸다.

"건달 아니라 건달 할아버지가 와도 단 한 푼도 줄 수 없다."

목소리를 깔며 점잖게 얘기했더니, 그들은 두 번 다시 얼씬도 하지 않았다. 옷가게 주인의 인상이 험악하게 생겨먹었거나, 혹은 싸움을 잘하게 생겨먹었기 때문이 아니라, 아마도 그들은 '대학로에서 제일 좋은 자리에서 옷가게를 열 정도면 뒤를 봐주는 또 다른 깍두기가 있을 것'이라고 생각했던 모양이다.

다 좋은데… 그런 배짱으로 직장에 들어가 돈을 벌고 경력도 쌓으며 열심히 일했으면 얼마나 좋았을까? 아니면 뒤늦게나마 다시 대학에 들어가 전문직의 길을 걸을 수 있는 공부를 했으면 얼마나 좋았을까? 미처 그런 생각을 하지 못한 채 대박이 터진 듯 매일 문전성시를 이루는 대학로 옷가게의 돈 버는 재미에 푹 빠져 청춘의 아까운 시간이 덧없이 허비되는 줄도 몰랐으니….

과연 책장사보다는 옷 장사가 나을 거라는 예상대로 꽤 많은 돈을 벌 수 있었다. 지갑은 늘 두둑했으며, 이대로 가다간 정말 큰 부자가 될 것 같았다.

그러나 대학로 옷가게는 3개월을 넘기지 못했다. 종로부터 치고 나갔던 거리정화사업의 서슬이 대학로에도 밀어닥쳤다. 88올림픽의 토네이도에 휩쓸려 옷가게는 풍비박산이 나고 말았다.

문제는 그 다음이었다. 노점으로 번 돈으로 조그만 가게를 얻어 본격적인 장사에 뛰어들거나 식당을 했어야 했는데, 그것도 아니면 그 돈은 장가 밑천으로 남겨두고 번듯한 직장에 들어갔어야 했는데, 그 놈의 소설이 또 말썽이었다. 틀어박혀 글만 쓰고 살고 싶어 하는 욕구. 그 욕망이 늘 발목을 잡았던 것이다.

그래도 소기의 목적은 달성할 수 있었다. 2개월 남짓 노점을 해서 홀몸에 2년은 충분히 먹고살 돈을 벌었으니, 장사의 묘미를 톡톡히 맛본 셈이다.

돈을 버는 데는 장사가 제일이다. 요즘 같은 최악의 불경기에 장사가 되겠냐고 할지 모르지만, 식당을 예로 들면 장사가 안 되는 데는 다 이유가 있다. 파리를 날리는 식당을 멋도 모른 채 들어가 밥을 먹어보면, 파리를 날릴 만하다. 음식을 맛있게 하고, 서비스가 좋고, 값도 합당하면 왜 손님이 없겠는가?

지인 중에 식당 경영으로 수십 억의 돈을 모은 사람이 있다.

그는 작은 식당으로 시작해 나중에는 전국적인 프랜차이즈 사업으로 확장하며 큰돈을 벌었다. 식당 할 돈이 어디 있느냐고? 식당으로 성공한 그도 처음에는 종로에서 노점으로 출발했다. 노점 할 돈도 없다고? 술값과 담뱃값을 한 달만 모아도 충분하고도 남고, 적당한 장소에 말뚝을 박으면 그곳이 곧 내 가게인 것을 어찌 자금이 없다고 하는가.

제대로 된 직장이 아닌 바에는 장사를 하는 게 훨씬 낫다. 제대로 된 직장이 줄 수 있는 명예욕을 채워줄 수는 없지만, 돈을 버는 데는 장사가 제일 빠르다. 적어도 먹고사는 데는 지장이 없을 뿐만 아니라, 머리를 잘 써서 성실하게 하기만 하면 큰돈을 벌 수 있다.

돈을 벌고 싶으면 장사를 하라. 하고 싶은 일과 해야 할 일 사이에서의 고민이 극심할 때, 장사에 뛰어드는 게 최선의 선택일 수 있다. *

세상을 창조하는 힘을 길러라

"**톡** 톡, 톡톡톡…."

문자를 끊임없이 찍어대는 나를 남들이 보면 늦바람이라도 난 줄 알 테지만, 휴대폰 기능을 이용해 무언가를 메모할 때가 대부분이다. 메모 기능이 있는 휴대폰을 갖기 전까지는 주머니에 메모지라도 한 장 갖고 다니며 적곤 했지만, 이젠 이동전화기 메모가 더 편해졌다.

끊임없이 메모하는 나의 습관은 대학교 때 형성되었다. 꿈속에서 아주 좋은 생각이 떠올랐을 때 잠에서 깨어나 즉시 메모하지 않고 그냥 잠들었다가 나중에 무슨 꿈이었는지 전혀 생각나지 않는 낭패를 당하고 나서 머리맡에 메모지와 볼펜을 두고 자기 시작한 이래, 무언가 생각이 떠오를 때마다 수시로 기록을 남기는 습관을 붙이게 된 것이다.

'창의력'에 관한 책을 보면 대부분의 책들이 메모 습관을 강조한다. 창의력에 있어 메모 습관은 상당히 중요하다. 내가 오늘날 무언가를 만들어내는 창의적인 직업에 종사하게 된 것도 이 메모 습관 덕분이다.

사람마다 다르겠지만 나의 경우에는 버스나 지하철을 타고 이동 중이거나 약속 장소에 먼저 도착해서 누군가를 기다릴 때 생각이 잘 떠오른다. 이 책의 31개 경험칙도 실은 집에서 영등포로 가는 83번 좌석버스 안에서 전부 기획한 것이다. 왔다갔다 두 번 왕복하고 나니 31개 꼭지가 완성되었다. 물론 휴대폰에 메모하는 방법을 썼다. 그래서 무언가를 기획하거나 깊이 생각할 게 있으면, 일부러 버스나 지하철을 타고 종일 서울 시내를 돌아다닐 때도 있다.

아니면 일부러라도 친구와 약속을 잡는다. 약속 장소에 먼저 나가 친구를 기다릴 때도 휴대폰을 갖고 논다. 그 짧은 시간에도 친구를 기다리는 집중력을 이용해 머릿속을 스쳐 지나가는 상념을 휴대폰에 잘 메모해 놓으면, 웬만한 기획서 한 장은 그냥 건질 수 있다.

　나의 이러한 습관을 '거창하게' 창의력이라고 부르고 싶은 생각은 없다. 왜냐면 우리가 흔히들 일컫는 창의력이란 하늘에서 갑자기 뚝 떨어지는 것으로 여겨질 정도로 전혀 새로운 것을 만들어내는 능력은 아니기 때문이다.

　하늘에서 갑자기 뚝 떨어진 것으로 여길 정도로 독창적인 게 과연 있을까?

　예를 들면, 괴테의 『파우스트』는 괴테의 순수 창작물이 아니라 유럽에서 오랜 세월 전승되어온 이야기를 담아낸 것에 불과하고, 셰익스피어의 『베니스의 상인』 또한 전해 내려오던 이야기를 희곡에 담아낸 것에 불과하다.

　하지만 그들은 남들과 다른 점이 있었다. 괴테나 셰익스피어의 그러한 정리 작업에 바로 창의력의 요체가 들어 있는 것이다. 세간에 떠도는 '이야기'들을 잘 '정리'해서 문학작품이라는 '틀' 속에 집어넣어 하나의 완성된 작품이라는 '제품'을 만들어 냈기 때문이다.

　패러다임의 원리도 마찬가지다. 패러다임을 주장한 토머스 쿤은 과학의 발전이나 변화가 '축적적'이지 않고 '비연속적' 또는 '혁명적'이라고 주장했지만, 그것은 이상 현상에만 초점을 맞춘 것에 불과하다. 그 현상이 '비연속적'이거나 '혁명적'으로 보일 뿐이지, 정상과학에 발판을 두지 않는 과학혁명이란 존재

할 수 없다. 논리적으로 살펴봐도, 무너뜨릴 정상과학이 있어야만 과학혁명이 가능한 것이다.

천재 과학자로 알려져 있는 스티븐 호킹은 아인슈타인이 있어서 가능했고, 아인슈타인 또한 갈릴레이나 뉴턴이 있어서 가능했다. 그 연결고리를 무시하는 것은, 이 지구상에 인류가 살기 시작한 지 100년이 채 되지 않았다고 주장하는 것과도 같다.

세상의 모든 창의력은 과거로부터의 축적적인 지식과 그 지식의 연결고리에서 비롯된다. 과거로부터 지식을 축적하고 그 지식을 미래로 연결시키는 창의력을 키우는 가장 좋은 방법은 '독서'다. 독서의 중요성은 앞에서도 강조했지만 창의력 계발의 시발점은 '독서'다. 중앙도서관에 있는 모든 책을 다 읽고 졸업하겠다던 대학 시절 청년의 꿈은 끝내 이루지 못했지만, 세월이 흐를수록 창의력 계발의 근간이 되는 독서의 중요성만큼은 더욱 절실해진다.

어떤 책을 어떻게 읽을 것인가. 그것은 각자가 해결할 과제다. 우리의 창의력은 '어떤 책을 어떻게 읽을 것인가' 깊이 생각해 보는 데서 출발한다.

그래도 다행인 것은 창의력에 대한 일반 기업체의 인식이 많이 나아졌다는 점이다. 그도 그럴 것이, 21세기 고부가가치 산업시대를 맞이하여, 창의력이 부족한 회사는 도태될 수밖에 없기 때문이다.

이왕에 창의력에 대한 인식이 널리 퍼져나가고 있는 시점을 맞이하여, 회사의 CEO들은 '아이디어 개발팀'의 운영에 보다 박차를 가해야 한다. 3M이나 월트 디즈니, 구글 등의 창조적 회사들을 적극적으로 벤치마킹하여 '아이디어 개발팀'을 잘 운영해 나가면 장차 회사의 모든 수익은 그 팀에서 비롯될 것이다.

창의력과 독서력은 같은 말이다. 오늘부터 1주일에 적어도 한 권 이상의 책을 읽어나간다면, 머지않아 당신의 창의력은 눈부시게 발전할 것이다. *

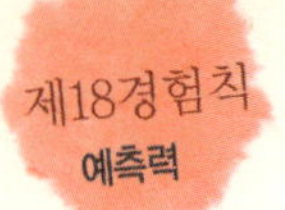

미래는 스스로 예측하라

2002년 월드컵이 개막되기 한 달 전의 일이다. 월드컵 기간 중에 '축구칼럼'을 매일 연재하기로 약속하고 나서 신문사 간부들과 잠시 여담을 나누는 중이었다. 부장이 나에게 질문했다.

"이번 월드컵에서 우리가 어느 정도의 성적을 거둘 것 같지요? 16강에 오를 것 같습니까?"

그의 질문에 나는 거침없이 대답했다.

"16강이야 당연히 오르지요. 제 생각에는 우승을 할 것 같습니다."

"우승이라고요? 하하하!"

회의실 가득 웃음이 터져 나왔다. 16강에 오르면 천만다행이고 1승이라도 거두면 좋겠다는 분위기에서 난데없이 '우승'을 얘기했으니 그들이 웃음을 터뜨릴 수밖에 없었다. 다들 '삼복더위도 아직 멀었는데, 이 양반이 벌써부터 더위 먹었나?' 하는 표정이었다. 그러거나 말거나, 나는 다시 말을 이어나갔다.

"두고 보세요! 제 말이 맞나 틀리나. 우승을 할 것 같은데, 문제는 4강부터입니다. 뒷심을 발휘하며 끝까지 투혼을 불태우면 우승을 할 거고, 샴페인을 터뜨리며 만족해 하면 4강에서 그칠 겁니다."

나의 예상은 그대로 적중했다. 대한민국 방방곡곡이 '붉은악마'의 물결에 휩쓸리던 그 시절, 생각지도 않던 4강 신화를 이루었다고 감격해 하던 그 시절, 나는 오히려 '우승을 할 수 있는 절호의 기회를 놓쳤다'며 뜨겁게 솟구쳐 오르는 울분을 참아야 했다. 4강에 올랐을 때 선수들에게 하루 휴가를 주지 말았어야 했는데, 피로 회복 훈련을 하며 4강에 보다 철저히 대비했어야 했는데, 이룰 거 다 이루었다는 식으로 막판에 목표를 상실해 버린 히딩크 감독이 그렇게 원망스러울 수가 없었다.

점쟁이도 아닌 내가 '최소 4강'을 어떻게 예측할 수 있었을까? 그건 그 누구보다도 내가 히딩크 감독을 잘 알고 있었기 때

문이다. 졸저 『히딩크 리더십』을 집필하며 그의 일거수일투족
은 물론 머릿속까지 훤히 꿰고 있었기에 '최소 4강' 예측이 가
능했다. 즉, 히딩크 감독의 '과거'와 '현재'를 훤히 꿰고 있었기
에 '미래'를 예측할 수 있었던 것이다.

미래를 예측하는 손쉬운 방법은 바로 과거와 현재를 훤히 꿰
는 것이다.

나는 미래예측서들을 거의 보지 않는다. 재미가 없기 때문이
다. 그 책들이 재미 없는 이유는, 미래 얘기를 써놓은 게 아니
라 현재 얘기들만 잔뜩 하고 있기 때문이다. 정말 배짱 한번 좋
다. 현재 진행 중인 얘기들을 미래예측이라며 책을 내놓다니.

몇 가지 예를 들면, 예전에 미래예측서로 장안의 화제를 몰
고 왔던 책을 나는 읽지 않았다. 베스트셀러를 기록하고 있기
에 일단은 목차만 한번 죽 훑어보았더니, 미래 얘기는 거의 없
고 현재 얘기만 잔뜩 하고 있다는 것을 알 수 있었기 때문이다.
이런 유의 책에 '미래예측'이라는 이름을 붙이는 것은 정의롭지
못하다. '현시대의 트렌드'를 다룬 책으로 봐야 하기 때문이다.

세계적인 전문가라는 사람들의 예측도 우습기는 마찬가지
다. 2008년 1월 23일 문화일보에서 세계적인 투자자로 추앙받
고 있는 소로스가 미국 경제를 전망한 기사를 본 적이 있다. 그
는 '60년 만의 최대 위기'라며 "현재의 금융위기는 미 주택시장

의 거품으로 촉발됐으며 지난 60여 년간 지속해온 슈퍼 호황
(super-boom)의 끝점에 와 있다.”고 얘기했다. 이를 세계적인
전문가의 진단이라고 할 수 있을까? 그 전에 이미 미국은 극심
한 경기침체를 겪고 있었기에, 초호황이 끝났다는 것쯤은 초등
학생도 할 수 있는 얘기다.

그 소로스가 10개월 전에는 뭐라고 예측했을까? 2007년 3
월 6일 영국 파이낸셜타임스(FT)와의 인터뷰에서 그는 ‘엔저
(低)로 인한 엔화 증가가 미국경제 둔화와 맞물리면서 당분간
작은 혼란이 이어질 것’이라고 진단했다(문화일보 2007년 3월 8일
기사 참조). ‘작은 혼란’과 ‘60년 만의 최대 위기’가 다른 뜻이라
는 것 또한 초등학생도 알 수 있는 일이다.

적어도 미래예측에 관해서는 전문가의 말을 믿지 말고 그 분
야에 대해 자기 스스로 학습해서 판단을 내려야 한다. 전문가
들의 미래예측이란 기껏해야 현재를 얘기하고 있을 뿐이며,
‘아니면 말고’ 식이다.

미래는 스스로 예측하라. 미래를 예측하는 가장 좋은 방법은
과거와 현재를 훤히 꿰는 것이다. *

구슬이 서 말이라도
꿰어야 보배다

예전에 내가 쓴 『히딩크 리더십』이라는 책에 대해서 나의 주변 사람들은 세 번 놀란다.

첫째는 그 책이 월드컵이 열리기 15개월 전인 2001년 3월에 이미 출간되었다는 사실에 놀란다. 15개월 전에 이미 세상에 나왔던 책을 월드컵 때 재발간한 것이다. 2001년 3월에 그 책이 나왔을 때 세상의 반응은 싸늘했다. 그해 봄, 히딩크 감독에게는 '오대영'이라는 별명이 붙었고, 우리 대표팀은 경기마다 죽을 써서, 급기야는 "개딩크는 물러가라"는 네티즌의 성토가 이어졌다. 대부분의 책들은 반품이 되어 창고에서 먼지를 수북이 뒤집어쓰는 신세를 겪어야 했다. 책의 발간 타이밍을 너무 빨리 잡았던 것이다. 하지만 나는 좌절하지 않았다.

"두고 보세요. 월드컵이 개막되면 불티나게 팔려나갈 테니."

나를 '정신 나간 놈'으로 보는 주변 사람들에게 그렇게 호언했으며, 나의 호언장담은 그대로 적중했다.

두 번째는, 내가 그 책을 1주일 만에 썼다는 데 놀란다. 2001년 3월초, 그 책을 쓰기로 출판사와 계약을 맺고 나서 "준비 땅!" 한 후에 열흘 동안 자료를 찾으며 기획을 완료하고 나서, 1주일 만에 후다닥 써버렸다. 마침 출판사가 오피스텔에 있어서, 밤을 꼬박 새우며 작업하고, 오전에는 근처의 사우나에서 눈을 붙이고 나서 오후에 다시 작업에 몰두하는 강행군 끝의 결과물이다. 그렇게 서두른 이유는, 다른 출판사에서 그 책을 준비하고 있다는 소식을 들은 출판사 대표의 독려 때문이었다. 물론 나도 그 재촉에 의기투합했다. 다른 출판사에서 이미 나와 버린 책을 한 발 늦게 세상에 내놓는 것은 재미없는 일이기 때문이다.

세 번째는, 내가 히딩크 감독을 한 번도 만나지 않고 책을 썼다는 데 놀란다. 하기야 "준비 땅!" 하고 3주 만에 책을 세상에 내보내야 하는 다급한 상황에서 히딩크 감독을 만날 여유가 있었겠는가! 2001년 3월에 그 책을 펴내고 나서 나는 이미 다른 작업을 기획하기 시작했으니, 정작 월드컵 당시의 나의 관심사는 이미 다른 곳에 포커스를 맞추고 있었던 것이다. 히딩크 감독을 만날 필요성도 느끼지 못한 채.

그렇다면 기획을 완성하는 데는 어떤 과정이 필요할까?

• **뒷다리를 잡지 말아야 한다.** 작업에 착수하기 전에 나의 아이디어가 새로운 것인지 이미 그런 제품이 세상에 나와 있는지부터 조사해야 한다. 사실 기획자의 입장에서 볼 때 뒷다리를 잡는 건 별로 유쾌한 일이 못 된다. 기획자로서의 자긍심도 상할 뿐더러, 뒷다리를 잡아서 떡고물을 먹을 바에는 전혀 새로운 기획을 해서 떡을 통째로 먹는 게 당연히 낫다.

• **신문을 잘 활용해야 한다.** 고백하건대, 『히딩크 리더십』은 나의 새로운 아이디어가 아니었다. 신문기사에서 아이디어를 차용한 것이었다. 2001년 2월 25일 매일경제에서 '히딩크의 리더십'이라는 '데스크 진단' 기사가 실린 것을 보게 되었다. 그 기사를 보는 순간 '아! 히딩크 리더십을 책으로 쓰면 좋겠구나!' 하는 생각을 하게 되었다. 그러던 차에, 원고 집필자를 구한다는 출판사의 공고를 보고 찾아갔더니, 출판사 대표가 그 기사를 내밀며 '히딩크 리더십'에 대한 원고를 쓸 수 있겠느냐

고 묻는 게 아닌가. 그렇게 시작된 것이다. 내가 생각하는 것은 남도 생각한다는 점을 명심해야 한다. 그 생각은 모두 신문에서 나온 것이었다. 모름지기 기획자라면 신문을 볼 때마다 적어도 한 개 이상의 아이디어를 뽑아낼 수 있어야 한다. 신문기사를 볼 때마다 안테나를 최대한 가동해서 무슨 좋은 건수가 없나 촉각을 곤두세워야 한다. TV 뉴스보다 신문 기사가 더 나은 이유는, TV 뉴스는 그냥 스쳐지나가기 십상이지만, 신문 기사는 전체를 조망하며 분석적으로 아이템을 뽑아낼 수 있기 때문이다.

· '카인즈'를 이용해 1차 자료를 모은다. "준비 땅!" 하기로 결정이 되면, 해당 건수에 대한 기초자료를 입수해야 한다. '카인즈'(http://www.kinds.or.kr/)는 언론재단에서 운영하는 사이트인데, 종합일간지나 경제일간지는 물론 영자신문, 인터넷신문, 시사잡지, 전문지 등의 과거 기사를 한꺼번에 찾을 수 있어서 1차 자료를 수집하는 데 적합하다. 무슨 이유에서인지 조선일보와 중앙일보는 카인즈의 검색 서비스에서 떨어져 나갔지만, 38개 종합일간지와 7개 경제일간지, 2개 영자신문, 17개 인터넷신문, 13개 시사잡지, 5개 전문지의 기사를 검색할 수 있고, 90년대 이전의 기사도 찾아낼 수 있으니, 1차 자료를 수집하는 데 상당히 유용하다. 『히딩크 리더십』 집필 당시 필자가

히딩크 감독을 만나지 않고도 그에 대한 상당한 자료를 모을 수 있었던 것도 대부분 카인즈 덕분이었다. 물론 1차 자료로 부족한 부분은 해외 사이트에서 찾아내야 하는데, 이는 순전히 각자의 어학실력과 서핑 능력에 달려 있다.

• 기획을 즐겨야 한다. 서 말의 구슬을 꿰어서 보배로 만드는 작업에 재미를 느껴야 한다. 전문 기획자들을 보면 대부분 구슬을 꿰는 작업에 재미를 느끼고 있음을 알 수 있다. 회사에서 20년 넘게 기획 업무를 맡아온 지인의 경우, "기획 업무가 골치 아파 죽겠다"며 이따금 엄살을 떨어도, 그 일을 그가 즐기고 있음을 알 수 있다. 구슬을 꿰어서 새로운 사업을 창출해내는 일을 즐기고 있는 것이다. 어떤 출판사 대표를 보면, 그는 하루 일과의 대부분을 신문을 뒤적이는 일로 보낸다. 아이템을 계발하고 새로운 필자를 발굴하는 일을 즐기고 있는 것이다.

• 기획서는 한두 장으로 압축해야 한다. 서너 장으로 길게 늘여 써야 한다는 부담을 갖지 말고, 한두 장 속에 기획의 엑기스를 집어넣는 훈련을 해야 한다. 한두 장 속에 사업목적, 사업방침, 세부 사업계획, 소요예산 등을 전부 집어넣어, 상대방이 한눈에 알아볼 수 있게 할수록 좋다. 새 정권을 꾸려가고 있는 MB는 보고서에 전문가 의견, 예산안, 해외사례 등이 없으면 퇴짜를 놓았다고 한다. MB의 방침은 기획서를 작성할 때 참고

할 만한 사례가 될 수는 있지만, 전문가에게 의견을 구하는 것
에는 유의해야 한다. 정책사업에서는 전문가의 의견을 얼마든
지 구해도 별로 문제될 게 없겠지만, 기업체의 신규 사업 추진
에 대한 기획을 수립할 때는 아이디어가 자칫 외부로 새어나갈
위험성이 있기 때문이다.

　• 처음부터 완벽한 제품을 내놓아야 한다. 2004년에 있었던
일이다. 저녁 술자리에서 출판사 대표한테 이런 말을 한 적이
있다.

　"셰익스피어 말입니다. 셰익스피어가 아무래도 실존 인물이
아닌 것 같아요. 동시대를 살았던 철학자 프란시스 베이컨이
진짜 셰익스피어 같은데, 이 이야기를 소설로 써보면 어떨까
요?"

　그랬더니 출판사 대표 왈,

　"셰익스피어가 베이컨이라는 주장이 사실이건 아니건 진실
여부는 둘째 치고, 그런 소설이 한국에서 팔릴까요?"

　'끄응, 얘기를 꺼낸 내가 잘못이지!'

　출판사 대표의 심드렁한 반응에 그 얘기는 집어치우고 애꿎
은 술만 마셔댔던 기억이 새롭다. 오랫동안 가져왔던 생각을
어렵사리 꺼내봤으나 아무래도 한국에서는 출판하기가 쉽지
않겠다는 결론을 내렸던 것이다.

'그래, 나중에 영어로 쓰자. 영어권 출판사들의 생각은 다르겠지.'

그렇게 마음을 달래는 동안 세월이 흘렀는데, 2006년에 『The Shakespeare Code』라는 책이 해외에서 출판되었고, 그 책이 번역되어 2008년 1월에 『셰익스피어는 없다』라는 내용으로 한국에 소개되었다. 책 내용은 '철학자 프란시스 베이컨이 진짜 셰익스피어임'을 주장하던, 필자가 4년 전에 품었던 생각과 동일했다.

그 책을 보면서 미처 기획을 추진하지 못한 데 대한 안타까움이나 아쉬움은 들지 않았다. 셰익스피어에 대한 책은 아무래도 셰익스피어 전문 작가가 쓰는 게 더 나을 것이고, 이것 말고도 단행본으로 기획할 만한 아이템은 무궁무진하기 때문이다. 완벽한 제품을 만들어낼 자신이 없으면 이처럼 보류하거나 아예 시도를 하지 않는 게 낫다. 완벽하지 못한 제품을 시장에 출시해 놓으면, 이른바 모방을 좋아하는 '기획의 파리떼'가 무수히 달라붙어 더 좋은 제품으로 선점 제품을 무너뜨리기 일쑤이며, 소비자들로부터의 신뢰도만 스스로 떨어뜨릴 뿐이다. 크리에이티브는 가고 모방만 살아 날뛰는 '이상 병리' 세태 속에서 정말이지 확 뜨려면, 정신 바짝 차리고, 처음부터 완벽한 제품을 내놓아야 한다.

　구슬이 서 말이어도 꿰어야 보배다. 아이디어가 중요한 게 아니라 구슬을 꿰는 능력이 더 중요하다. 반짝이는 영감보다는 그 영감을 사업으로 엮어내는 능력이 더 중요하다. 내가 생각하면 다른 사람도 생각할 수 있다. 'Virginia Fellows'는 자신의 아이디어를 잘 꿰어서 『The Shakespeare Code』를 만들어 냈으나, 나는 아이디어를 미처 꿰지 못한 채 주저앉고 만 것이다.

　그렇다. 어차피 한판 인생이다. 구슬을 잘 꿰어서 보배로 만들어야 한다. ＊

요행을 바라지 말고
농부와 같이 일하라

"헉!"

즉석복권을 긁어대던 나는 숨이 턱 막히는 것 같았다.

"우와, 당첨이다!"

옆에서 다른 복권을 긁던 후배에게 보여주었더니, 큰소리로
외쳤다.

"형, 정말 당첨이네! 아싸 가오리!"

거금 5만 원에 당첨된 것이다. 복권판매소에서 돈으로 바꿔
달랬더니 은행으로 가라고 했다. 은행으로 총알같이 튀어가서
돈으로 바꿨는데, 세금을 얼마나 많이 떼던지, 5만 원에서 3만

얼마만 돈으로 받을 수 있었다.

고작 5만 원에 '아싸 가오리냐'고 피식 웃을 분들도 있을지 모르지만, 1991년의 5만 원은 그리 적은 돈이 아니었다.

'이게 웬 떡이냐!'

그날 저녁 후배와 나는 삼겹살을 구워가며 술을 진탕으로 마실 수 있었다. 지금도 3만 원이면 둘이서 삼겹살에 소주 몇 병을 마실 수 있는데, 18년 전의 일이었으니 세상 부러울 게 없었다.

하지만 그걸로 끝이었다. 20년 넘게 복권을 구입해 봤지만 그때의 5만 원이 최고 당첨금이었다. 18년 전의 '반짝 영광'은 두 번 다시 찾아오지 않았다.

복권을 언제 처음 구입했는지 잘 기억나지 않는다. 대학교 때 처음 구입했던 것 같은데, 언제 어디서 샀는지 전혀 기억나지 않는 것으로 봐서는, 아마도 술 먹고 들어오다 하숙생들과 어울려 술김에 장난삼아 샀던 것 같다. 그때까지만 해도 복권은 어쩌다 술김에 한두 장 사는 정도였다. 꼭 됐으면 좋겠다는 절실함도 별로 없었고, 당첨되면 무얼 하겠다는 덧없는 망상도 하지 않았다. 복권은 그냥 '종이 장난감'일 뿐이었다.

군대 제대 후 사회생활을 하며 본격적인 경제활동을 시작하면서 사정은 달라졌다. 매주 정기적으로 복권을 사는 버릇이 생겼으며, 당첨되면 무얼 하겠다는 달콤한 상상을 즐기는 순간이 많아지기 시작했다.

　다만 변하지 않은 게 하나 있다면, 복권을 살 때면 왠지 떳떳치 못하고 남들 보기에 괜히 창피하다는 느낌을 갖는 것이었다. 그런 부끄러움은 세월이 흘러도 변하지 않았다. 요행을 바라며 복권을 사는 나 자신이 무척이나 부끄럽고 창피했지만, 복권을 끊는 건 담배를 끊는 것만큼이나 힘들었다.

　복권을 끊는다고? 복권이 담배만큼이나 해로운 것일까?

　그렇다. 어쩌면 복권은 담배보다 더 해로울 수 있다. 적어도 경제활동의 관점에서 보면, 복권보다 더 해로운 것은 그리 많지 않을 것이다.

　복권의 가장 큰 해악은 사람의 성실성을 떨어뜨린다는 것이다. 열심히 일해서 돈을 벌 생각은 하지 않고 '이번에는 꼭! 이거만 되면 정말 팔자 펴는 거야!' 하는 엉뚱한 생각을 하게 되니 해로운 것이다.

　그게 뭐가 해롭냐고? 찢어지게 가난한 사람들에게 1주일을 더 살아내며 버틸 수 있는 희망을 줄 수 있으니, 오히려 좋은 게 아니냐고?

　식당에서 일하는 어느 아주머니가 매주 10만 원어치의 로또 복권을 구입한다는 얘기를 들은 적이 있다. 한 달이면 4, 50만 원의 거금이 복권 구입비로 깨지는 것이다. 그런데도 해롭지 않다는 얘기가 나오는가?

로또복권에 당첨될 확률이 0.000000122퍼센트라고 한다. 성공할 가능성이 0.000001퍼센트도 안 되는 사업에 매년 600만 원의 돈을 투자하고 있다고 가정해 보라. 혹은 만기가 되어도 그 돈을 찾을 가능성이 0.000001퍼센트도 없는 적금에 매월 50만 원의 돈을 꼬박꼬박 집어넣고 있다고 생각해 보라.

이게 미친 짓이 아니고 정상적인 행동인가? 망할 게 뻔한 사업에 투자를 하고, 찾지도 못할 적금에 매달 돈을 갖다 바치는 것을 미친 짓이라고 아니 말할 수가 있을까?

매주 1만 원 이내의 소량 구매를 한다고 해서 그 해악이 사라지는 것은 아니다. 지갑에서 1만 원이 빠져나가는 게 아니라, 실제적으로는, 복권의 망상을 버린 채 열심히 일해서 벌 수 있는 100만 원이 빠져나가는 것이기 때문이다. 한 달이면 그 손실이 400만 원, 1년이면 거의 5,000만 원의 거금이 소리도 없이 빠져나가고 있다는 것을 알고나 있는가?

먹고살기 빠듯한 세상에 죽기 살기로 일해도 성공할까 말까 한데, 복권에 의지해서 1주일을 살아내야 하니 일에 전념할 수 없고 그렇다 보니 일이 잘 될 턱이 없기에 그런 계산이 나오는 것이다.

진정으로 돈을 벌고 싶다면 복권부터 끊어야 한다. 복권 구입을 담배 끊듯이 끊어버리고, 복권 당첨이라는 '빠져나갈 구멍'을 아예 차단해 버리고, 자신이 하는 일에 죽기 살기로 전념해야 한다. 그래야 성공적인 경제활동을 꾸려나갈 수 있다.

요행을 바라지 말고 농부와 같이 일하라. 그래야 성공한다. 밭을 갈고 씨를 뿌리고 물을 주어야 열매를 얻을 수 있다는 건 불변의 진리이다. *

망하고 싶지 않으면 야근하지 마라

'**경**영'을 거론하려면 무슨 거창한 경영학 이론에 대해 얘기해야 할 터인데, 고작 한다는 얘기가 '야근을 하지 마라'니, 초장부터 실망하는 독자도 있을 것이다.

하지만 '야근 문제'를 가장 중요하게 거론하는 데는 분명한 이유가 있다. 야근이 경영상의 문제가 된다는 것을 심각하게 자각하는 CEO들이 그리 많지 않기 때문이다. 그래서 문제가 되는 것이다.

총각 때는 야근하는 게 그렇게 좋을 수가 없었다. 일찍 자취방에 가봤자 반겨주는 사람 하나 없이 썰렁할 따름인데, 야근을 하면 푸짐한 저녁에다 어쩌다 운이 좋으면 소주까지 한 잔 곁들일 수 있고, 남들이 보기에도 열심히 일하는 것 같이 보이니, 야근을 하면 그 아니 좋을 손가.

그런데 야근도 자꾸 하면 버릇이 된다. '어차피 이따 밤에 야근하지 뭐' 하며 낮에는 설렁설렁 일하게 되고, 늦은 퇴근에다 다음날 제시간에 나와야 하니 잠이 부족해, 종일 업무에 대한 집중도가 떨어지게 마련이다. 게다가 야근을 핑계로 술까지 마셔대면, 이건 야근(夜勤)이 아니라 독근(毒勤)이 되어버린다.

김이 모락모락 올라오는 자장면을 잘 비벼서 단숨에 후르륵 한 그릇 비워내면 그 맛이 거의 환상적이지만, 한때 자장면에 물린 적이 있었다. 출판기획사에 근무하던 시절, 야근을 밥 먹듯이 하다 보니 거의 매일 시켜먹은 자장면에 물리게 된 것이다.

그 시절 우리는 매일 중국음식을 시켜 먹었다. 자장면과 짬뽕에 탕수육을 시키면 군만두는 서비스로 으레 따라왔다. 그래서 매일 시켜먹는 단골이 좋은 거다. 음식이 배달되는 그 순간, 야근은 독근으로 순식간에 변해 버린다. 냉장고 깊숙이 짱박아 두었던 소주를 한 잔 또 한 잔, 주거니 받거니 하다가, 일은 하나도 못한 채, "이크, 이러다간 버스 끊어지겠네!" 하며 하나둘 자리를 털고 일어나야, 밤늦도록 훤히 불이 밝혀진 사무실을 밖에서 바라보는 사람들에는 자랑스럽기만 한 야근이 그제야 끝나는 것이었다.

"회사가 매일 야근이라며? 인석아, 건강이 최고다. 건강관리 잘해라!"

어쩌다 시골에 계신 부모님과 전화통화를 하면 그래도 일말의 양심은 남아서 가슴이 다 뜨끔했지만, 회사를 위해서라면 야근도 불사하는 우리 열혈 근무자들은 거의 매일 야근을 했다. 회사가 망해가는 것도 모른 채….

그 정도까지는 아닐지라도, 술을 마시지 않고 정말 일을 열심히 한다고 할지라도, 야근을 밥 먹듯이 하면 그 회사는 망할 수밖에 없다.

술에 장사 없듯이 잠에는 장사가 없다. 매일 늦게 들어가고 일찍 나오는 생활이 반복되다 보면 업무에 대한 집중력과 생산력이 저하될 수밖에 없고, 머리가 띵한 상태에서 제대로 된 창의력을 기대하기란 애초에 무리다. 거래처에 송금해야 할 결제 대금 1억을 10억으로 착각하지 않으면 정말 다행이다. 그러니 회사가 망할 수밖에.

호랑이 담배 피던 시절에나 그렇지 요즘 같은 때 저녁 한 끼 해결하자고 야근을 자청하는 사람이 어디 있겠는가. 다들 일찍 가는 걸 좋아하다 보니, 야근이라도 할라치면 직원들이 인상을 쓰지 않는 것만도 다행이다. 그러니 야근을 밥 먹듯이 하는 회사의 직원들은 다른 회사로 자연히 메뚜기 점프를 할 수밖에 없고, "아, 그 회사? 그 회사 절대 가지 마라. 매일 야근이야. 사람 죽여요 죽여!"라는 소문이라도 업계에 파다하게 퍼지면 인재가 문을 두드릴 리 없다. 그러니 회사가 망할 수밖에.

이를 깨닫지 못한 채 월급 나가는 게 아깝다며 어떻게 해서든 직원들을 쥐어짤 요량으로 매일 야근을 시키는 CEO가 있다면, 그 회사의 미래는 불을 보듯 뻔하다.

개중에는 밤에 집중이 잘 된다며 야근 정도가 아니라 전략적으로 밤과 낮을 거꾸로 운영하는 회사가 있다. 주로 정보기술 분야의 벤처기업들이 '올빼미 생활'을 하고 있는데, 참으로 안타까울 뿐이다. 낮과 밤을 거꾸로 사는 생활을 몇 개월만 지속하면 제아무리 젊은 나이라 할지라도 몸이 전부 녹아내린다. 그런 회사가 지속가능한 성취를 이루기는 정말 힘들다.

회사를 6개월만 경영하고 문을 닫을 것인가?

야근이 잦은 회사는 무언가 문제가 있는 것이다. 야근은 위기상황의 전조에 해당된다. 잦은 야근을 위기상황으로 받아들이고, 원인분석과 아울러 적절한 대비책을 강구해야 한다.

망하고 싶지 않으면 야근하지 마라. 자유계발의 경제활동 중에서 가장 중요한 경험칙 중의 하나다. 야근을 하지 않는 대신,

아침 출근시간부터 저녁 퇴근시간까지 1분 1초를 아껴가며 일

하라. 업무 집중도가 높은 회사는 반드시 성공한다. ✱

자유계발의 완성

바닥에서 탈출하기

한 번 실패한 사람이 다시 일어서기는 결코 쉽지 않다. 의식 깊은 곳에 실패에 대한 두려움이 자리 잡고 있기 때문이다. 두려워하지 말고 자신감을 가져라. 자신감을 갖고 잘할 수 있는 일을 하라. 돈을 만드는 가장 확실한 길은 자신이 잘할 수 있는 분야에 있다.

위기를 자초하지 마라

2007년 봄에 집을 샀다. 자랑이 아니다. 40대 후반의 나이에 집을 산 것은 별로 내세울 일도 자랑할 일도 아니기 때문이다. 그런데도 집을 샀다고 언급하는 이유는 1997년의 IMF 때 집을 날려버린 후 기어코 다시 일어나 9년 만에 집을 구입하게 된 경험을 애기하고 싶어서다.

9년 전 집을 날리게 된 최악의 위기는 어느 날 갑자기 닥쳐온 게 아니었다.

위기가 갑자기 엄습하는 경우는 드물다. 모든 위기에는 전조가 있고 징후가 있고, 중장기적으로 누적돼온 원인이 있다. 그러한 전조와 징후와 원인이 차곡차곡 쌓여오다가 어느 날 갑자기 활화산으로 폭발하는 것이다.

폭풍우를 생각하면 된다. 예고도 없이 갑자기 불어닥치는 폭풍은 없다. 검은 구름이 먼저 하늘을 뒤덮은 후에야 폭우가 쏟아지는 법이며, 폭우로 강물이 불어난 후에야 둑이 터져 논밭이 유실되고 가옥이 물에 잠기는 법이다.

위기도 마찬가지다. 모든 위기에는 반드시 전조와 징후와 원인이 있기에, 최악의 위기로 폭발하기 전에 미리 막을 수 있다.

위기관리를 잘하는 가장 중요한 경험칙은 위기를 아예 만들지 않는 것이다. 백전백승의 유일한 비결은 싸움을 아예 하지 않는 것이라는 논리와도 같다.

대부분의 경제적 위기는 무절제한 욕망과 무리한 사업 확장에서 비롯된다. 욕심이 많다 보니 무리하게 사업을 확장하게 되고, 자금이 부족한 상태에서 무리하게 돈을 끌어 쓰다 보니 빚더미에 올라앉게 되어, 자금의 흐름이 조금만 삐끗거려도 부도사태를 초래하게 된다.

개인으로 치면 대부분의 위기가 자신의 경제적 능력을 뛰어넘는 무리한 씀씀이와 무절제한 낭비벽에서 초래된다. 한 달에 200만 원 버는 사람이 300만 원의 씀씀이를 갖고 있다면 위기가 닥쳐오는 것은 기정사실이다.

무리한 씀씀이를 부추기는 주범이 바로 신용카드다. 스스로를 잘 통제할 자신이 없으면 신용카드를 잘라버려야 한다. 그럴 자신도 없이 신용카드를 갖고 다니다간, 남자는 술로 망하고 여자는 명품으로 망한다.

멀쩡하던 사람이 망가지는 데는 얼마의 시간이 걸릴까?

길게는 한 달, 짧게는 단 몇 초 만에 멀쩡하던 사람이 망가진다. 극히 짧은 시간에 망가질 수 있는 것이다.

호기롭게 긁었던 카드를 결제하지 못해 몇 개로 돌려막기를 하다가 카드깡을 하게 되고, 급기야는 사채까지 끌어 쓰다가, 나중에는 집까지 날리게 된다. 호미로 막을 것을 가래로도 못 막게 되어, 신용불량자에다 빈털터리로 전락하게 된다. 인간의 욕망은 이토록 무서운 것이다.

개인적인 경제위기를 자초하는 또 하나의 주범이 바로 신용보증이나 담보제공이다. 보증을 서주었다가 집을 날리는 사람이 우리 주변에도 수없이 많다. 잘 아는 처지에 차마 매정하게 거절하지는 못하고 정에 이끌려 보증을 서주었다가 모든 재산을 잃게 되는 것이다.

누군가 보증을 부탁할 때면, '매정하게' 거절하지 말고 '사랑으로' 거절해야 한다. 보증 부탁을 거절하는 게 상대방에게 오히려 사랑을 베푸는 것임을 깨달아야 한다.

나 역시 친구들이 얼굴 한 번 찌푸리지 않은 채 보증을 잘 서 준 덕분에 경제적 위기를 어느 정도 헤쳐 나갈 수 있었지만 그것조차도 근본적인 해결책은 되지 못했다. 지금 생각해 보면, 그때 그 친구들이 '사랑으로' 나의 보증 부탁을 거절했더라면 내가 보다 근본적인 대책을 세웠을지도 모른다는 생각이 든다. 친구들을 보증인으로 내몰아 은행에서 돈을 끌어 쓴다고 해도, 이자 부담만 늘어날 뿐 근본적인 해결책은 될 수 없기 때문이다.

따라서 누군가의 보증 부탁을 거절하는 것은 상대에 대한 '사랑의 표현'이 될 수 있다. 보증 부탁을 거절함으로써, 상대에게 이자 부담을 주기보다는 오히려 근본적인 대책을 세울 수 있는 기회를 주기 때문이다.

타인에 의해 초래되는 위기는 드물다. 세상의 모든 위기는 스스로 자초하는 것이다. 무리하게 카드를 긁었다가 나중에 사채까지 끌어 쓰게 되었다면 그 위기는 자신이 초래한 것이다. 또한 보증을 서주었다가 집을 날리게 되었다면 보증을 서준 자신이 그 위기를 초래한 것이다.

위기를 자초하지 마라. 호미로 막건 가래로 막건, 아예 그 무언가를 막을 위기를 초래하지 않는 게 상책이다. *

좌절하지 말고
다시 도전하라

그 때 처음부터 집을 날린 건 아니었다. 처음엔 보다 작은 집을 전세로 좁혀가며 버틸 때까지 버텼다.

집을 줄이며 남은 자금으로 우선 친구들이 보증을 서준 대출금부터 갚았다. 그 친구들 중에는 공무원도 있었는데, 채무자의 대출이자 연체로 인해 연대보증인에게 이자납입 독촉과 월급차압 등의 위협이 가해지게 내버려둘 수는 없었다.

신혼집을 처분하고 이사 가던 날, 마음이 그토록 아플 수가 없었다. 어떻게든 그 집만큼은 막아보려고 했지만, 별 뾰족한 도리가 없었다.

물론 최후의 순간까지 번민했다. 신혼집을 처분하자는 결단을 내리기도 어려웠지만, 그동안 하나둘 모아오다가 어느새 1만여 권에 육박하는 책을 포기하기란 더더욱 어려웠다.

이사하기 전날, 고르고 고른 1천여 권의 책을 남겨두고 나머지는 전부 아파트 광장에 내놓았다.

"어머, 이렇게 좋은 책을!"

아주머니들이 우르르 몰려와 9천여 권의 책을 순식간에 가져가버렸다. 창졸간에 9천여 권의 책들이 주인이 바뀐 것이다. 막상 책을 전부 잃고 나니 마음은 오히려 홀가분했다.

'어차피 책은, 가져가 읽는 사람이 주인이지….'

오로지 그 책을 가져간 상계동 사람들이 책을 잘 읽고 소화해서 지혜로운 삶과 풍요로운 생활을 하는 데 조금이나마 보탬이 되기를 바랄 뿐이었다.

작은 집으로 이사 가기 직전에 결혼반지도 처분해야 했다.

그 반지는 이 세상에서 유일하게 우리 부부만 끼고 다녔던 아주 특별한 징표였다. 한자의 '冊'(책) 자를 가로로 절반 잘라서 서로 나눠 꼈는데, 둘을 합치면 완전한 '冊'이 되어, 평생을 책과 함께 살아가자던 우리의 굳은 약속을 나타내는 것이었다.

9천여 권의 책이 날아가면서 '책반지'도 함께 날아갔다. 반지를 팔아서 급한 대로 쌀을 사고 부식거리를 사야 했다. 남들은

IMF 금 모으기 운동으로 평생을 차고 다니던 금반지를 잘도 뽑아냈건만, 우리는 먹고사는 게 더 다급했다.

그런 우여곡절 끝에 작은 집의 전세로 옮겼으나, 그러한 버티기는 오래 가지 못했다. 불을 완전히 끄지 못한 게 화근이었다. 급한 불을 끄기는 했으나 불씨가 다시 살아나 하루하루 이자가 불면서, 어느새 눈덩이처럼 불어난 악성 부채와 연체이자를 갚기에는 역부족이었던 것이다.

커다란 바퀴벌레가 우글거리던 도봉구의 2층 아파트…. 건설회사가 이웃집과 통하는 발코니를 엉성하게 막아놓아 전혀 방음이 되지 않아서, 낮이고 밤이고 이웃집 할머니의 가래 끓는 중얼거림과 욕설을 종일 감수해야 했던 곳.

그래도 서울 한 구석에 발 뻗고 잘 곳이 있다는 사실을 다행으로 여겨야 했지만, 그 생활도 오래 가지 못했다. 그 집마저 처분하고 이젠 '홈리스'가 되어야 할 최악의 상황에 부닥친 것이었다.

그때 왜 그 누군가에게 도움을 청하지 않았던가. 고향 부모님께 긴급 요청을 하거나, 형과 동생에게 손을 벌리거나, 친구들한테 도움을 청할 수도 있었다.

하지만 그렇게 하기는 싫었다. 부모님한테 손을 벌리기가 싫었고, 형과 동생에게 도움을 청하기가 싫었고, 이미 친구들의 도움으로 여태까지 버텨온 처지이기에 다시금 손을 벌릴 염치도 없었다.

'그래, 날려버리자!'

마지막 보루였던 도봉구의 아파트 보증금을 날려버리기로 결정한 후, 울적한 마음을 달랠 겸 강원도 춘천으로 하루 바람을 쐬러 갔다.

남의 속도 모른 채, 내가 춘천에 나타났다고 고향 친구들이 닭갈비 골목으로 모여들었다. 밤새 웃고 떠들며 술을 마시고 놀다가 새벽 여명 속을 휘청휘청 혼자서 걷다 보니, 공지천 호수가 나타났다.

뿌연 새벽안개 속으로 하나둘 얼굴을 드러내던 호수의 정경은 얼마나 아름다웠던지.

호숫가에 한참을 앉아 있으며 깊은 시름에 잠겨 들었다.

그때 문득 호수에 뛰어들고 싶은 충동이 스쳐 지나갔다. 아내의 얼굴이 떠오르고, 부모님 얼굴이 떠오르고, 형과 동생, 그리운 사람들의 얼굴이 호수의 수면 위에 아른거렸다.

잠시 그렇게 앉아 있다가, 자리를 박차고 일어섰다.

'그래, 다시 시작하는 거야! 훌훌 털고 다시 시작하는 거야! 저 밑바닥에서부터 처음부터 다시 시작하는 거야!'

마음을 굳게 먹고 공지천 호숫가를 벗어나, 그 길로 곧장 서울로 돌아왔다.

목숨을 끊을 용기가 있으면 목숨을 걸고 다시 도전하라. 목숨을 끊을 용기로 다시 시작하면, 세상에 못 이룰 일이 어디 있겠는가. 목숨을 걸고 다시 시작하라. *

두려워하지 말고
자신감을 가져라

홈리스로 굴러 떨어지는 상황을 가만히 앉아서 순순히 받아들인 것은 아니었다. 어떻게든 막아보려고 안간힘을 다했다.

눈덩이처럼 불어난 악성부채와 이자는 이미 정상적인 직장인 월급으로는 도저히 갚을 길이 없었다. 무언가 획기적인 대책이 필요했다.

그렇다고 글을 다시 쓰고 싶은 생각은 없었다. IMF의 한파가 몰아닥치던 1997년 12월, 논술 책으로 이미 쓰라린 실패를 체험했기 때문이었다.

논술 책을 펴내던 무렵 그 출판사는 이미 1차 부도 상태였으나, 저자인 나는 그 사실을 까마득히 모르고 있었으며, 책이 나오자마나 얼마 못 가 출판사는 IMF의 직격탄을 맞고 곧장 최종 부도가 나고야 말았다.

그 사실을 나중에 초판 인세를 받을 때야 알았다. 출판사는 어떻게든 인세를 주지 않으려고 버텼으나, 나 또한 출판사의 처지를 배려할 만큼 마음 편한 상태는 아니었기에 가까스로 인세를 받아내는 데는 성공했지만, '정말 이렇게 살아야 하나' 하는 회의감이 들끓기만 했다.

저자로서 출판계에 종사하는 내 자신에 대한 회의감이 밀려들었다. 모진 마음으로 붓을 꺾기로 했다. 이번 기회에 아예 출판계를 떠나자고 다짐했다.

'삶의 형태를 완전히 바꾸는 게 나쁘지는 않지만, 그렇다면 무엇을 해서 어떻게 돈을 벌 것인가.'

한동안 고민하다가 빠른 시일 내에 목돈을 만드는 길은 역시 '세일즈'뿐이라는 결론에 도달했다.

처음 손을 댄 것은 가스총 외판이었다. 가스총을 팔지 못하면 죽는다는, 가스총을 팔아서 돈을 만들어내지 못하면 홈리스가 되고야 만다는 절박한 심정으로 덤벼들었다.

물건을 그 누군가에게 팔려면 우선은 내가 가스총에 대해 잘 알아야 했다. 가스총을 두 자루 사서 신혼집 아파트 뒷산에서 시험을 해 봤다.

"쏴 봐! 어서 쏴 보래도!"

가스총을 아내의 손에 쥐어주고 몇 걸음 뒤로 물러서서 재촉했으나, 아내는 선뜻 방아쇠를 당기지 못했다. 모처럼 인적이 없는 틈을 이용해 빨리 쏘라는 것이었는데, 등산객이라도 불쑥 나타나면 낭패였다.

"어이구, 괜찮대도. 제발 좀 빨리 쏴라!"

내가 거듭 재촉하자 아내는 '에라 모르겠다!' 얼굴을 옆으로 돌린 채 방아쇠를 확 당겨버렸다.

"슈우욱!"

순식간의 일이었다. 총구에서 하얀 가스분말이 튀어나오더니 순식간에 내 얼굴을 덮쳐버렸다.

"컥!"

나는 숨도 제대로 못 쉰 채 자리에 털썩 주저앉고 말았다.

"으으으!"

집으로 단숨에 달려와 얼굴에 달라붙은 가스분말을 씻어내느라, 정말이지 죽는 줄 알았다. 그래도 이 한 몸 바친 소득은 있었다. 이 정도 성능이라면 어디에 내놓아도 손색이 없다는 생각이 들었다.

‘됐어! 출동이다!’

컴퓨터로 프린트한 전단지와 가스총으로 무장하고, 전쟁을 치르러 출동하는 깍두기처럼 호기롭게 거리로 진출했다. 오라는 곳은 없어도 갈 곳은 많았다. 가스총이 제일 필요한 곳은 어디일까? 여관의 카운터가 제일 필요한 것 같았다. 서울 시내 여관을 이 잡듯이 뒤지며, 거의 뛰다시피 하며 빠르게 훑어 나갔다.

‘내 젊은 날, 이렇게 열심히 살았더라면 얼마나 좋았을까?’

밤늦도록 여관을 돌아다녔지만, 가스총 한 자루 팔지 못한 채 허탕만 치고 말았다. 가스총을 팔기는커녕, 여관 종업원들은 내가 가스총을 디밀자 가스총 장수로 위장한 강도가 나타난 줄 알고 경계태세만 잔뜩 취하는 것이었다. 여차하면 비상벨이라도 누를 기색이었다.

이런 식으로 가다간 정말 죽도 밥도 안 될 판국이었다. 이렇게 마구잡이 세일즈를 하지 말고 이왕 이리로 나선 김에, 본격적인 세일즈에 나서기로 했다.

보험 세일즈에 뛰어들었다. 2개월간 교육을 받고 나서 화재 보험 대리점을 개설했다. 죽어라고 뛰었다. 미친 듯이 뛰어다녔다. 하지만 생각만큼의 큰돈을 만질 수는 없었다. 오히려 지난날 월부 책 세일즈를 할 때보다도 못했다. 또한 출판사 편집장들의 한 달 월급만도 못했다.

그렇다고 출판사로 다시 돌아가기는 싫었다. 책을 다시 쓰기는 더더욱 싫었다. 아니, 싫었다기보다는 자신이 없었다.

한 번 실패한 사람이 다시 일어서기는 결코 쉽지 않다. 의식 깊은 곳에 실패에 대한 두려움이 자리 잡고 있기 때문이다. 실패를 거듭할수록 그 두려움은 더욱 커져, 나중에는 재기불능의 상태로 곤두박질치게 된다.

그 시절로 다시 돌아간다면, 나는 결코 출판계에 등을 돌리지 않을 것이다. 악성부채를 갚아 나가기에는 턱없이 부족한 월급이나마 출판사에 근무하며 자신이 잘할 수 있는 일을 계속해야 했다.

'배운 도둑질'이라고 했다. 돈을 만들고 싶으면 자신이 가장 잘할 수 있는 분야에서 계속 승부를 노려야 한다. 내가 가장 잘할 수 있는 일은 책을 쓰거나 책을 만드는 일이었는데, 단숨에 돈을 많이 벌겠다는 순진한 생각만으로 세일즈에 뛰어들었으니, 생각을 잘못해도 한참 잘못한 것이었다. 그 결과 곧장 홈리스로 내몰리는 최악의 상황이 벌어지고야 말았다.

두려워하지 말고 자신감을 가져라. 자신감을 갖고 자신이 잘할 수 있는 일을 하라. 느리고 더디고 답답하게 보이지만, 돈을 만드는 가장 확실한 길은 자신이 잘할 수 있는 분야에 있다. *

생각을 단순화하라

홈리스가 되기 전에 자주 어울렸던 친구들이 있었다. A
는 강남에서 사채업을 하다가 쫄딱 망한 친구였고, B
는 무역회사를 다니다 엄청난 교통사고를 당해 산재 치료를 받
고 있던 친구였다.

우리 셋은 하루가 멀다고 만나서, 같이 놀았다. '같이 놀았다'
고밖에 표현할 수 없는 이유는, 홈리스가 될 경제적 위기 속에
서도 정신 차리지 못한 채 허구헌 날 술을 마셔댔기 때문이다.

A는 사채업이 망한 데 대한 울분을 토로하며 술을 마셔댔고,
B는 잘 나가던 직장을 하루아침에 잃어버린 채 병원 생활을 하

게 된 신세를 한탄하며 술을 마셔댔다.

우리 셋은 모두 가난했고, 우리의 술자리는 늘 초라했다. 만나면 우선 주머니부터 털어 천 원, 이천 원씩 모아 술과 쥐포를 사서, B의 병원 근처에 있는 공원에서 대낮부터 퍼마시기 시작했다. 그들은 그들대로 술에 취해서 살아가는 이유가 있었고, 나는 나대로 바야흐로 닥쳐올 홈리스 생활을 길들이고 있었던 것이다.

우리 셋은 공통점이 있었다. 쫄딱 망한 사람들의 공통점이었다. 우리는 술을 매일 마셔댔고 다들 담배를 피우고 있었다. 잘만 살아가는 일반인들도 술을 자주 마시고 담배는 입에 물고 산다는 점에서 별스런 특징도 아니라고 할지 모르지만, 우리 셋이 술과 담배만 하지 않았어도 'IMF 동지'로 만나지는 않았을 것이라는 점을 알아야 한다.

우선 A는 사채업을 하다 망했다. 사채업도 망할 때가 있다는 게 참으로 신기한 노릇이지만, 그는 술 때문에 망했다. 사채업으로 긁어모은 돈을 하루에 적어도 100만 원 이상은 술값으로 탕진했으니, 제아무리 현찰이 빵빵 회전하는 사채업이라고 하지만 망할 수밖에.

B도 술 때문에 망했다. 겉으로 보기에는 교통사고가 주요 원인이라고 할 수는 있지만, 술자리에서 사귄 사회인들과 노름에

손대다 보니 집을 날리고 교통사고까지 당하게 되었기에, 술 때문에 망한 경우라고 할 수 있었다.

물론 나도 술 때문에 망했다. 젊은 날 술을 그렇게 무식하게 먹지만 않았어도 술 때문에 직장생활을 망치는 일은 없었을 테고, 나중에는 홈리스가 되는 참극은 없었을 것이기 때문이다.

이러니 내가 금주와 금연을 강조할 수밖에. 만약 지금 위기에 처해 있다면, 자신의 신세를 한탄하지만 말고 자신의 음주와 흡연 문제부터 해결해야 한다. 거리를 떠도는 수많은 노숙자와 어려움에 처해 있는 신용불량자들을 보면, 거의 대부분의 사람들이 술과 담배에 찌들어 있다. 노숙자들이야 어쩔 수 없다 손치더라도 마지막 끈을 놓지 않은 채 끝까지 버티고 있는 분들이 술과 담배를 끊지 못하는 것을 보면 너무도 안타깝다. 당장 아이들 참고서 한 권 사줄 돈도 없으면서 담배는 꼬박꼬박 사피우고, 공과금을 내지 못해 전기와 수도가 끊어져도 술은 매일 마셔댄다. 기가 찬 노릇이다. 술과 담배만 끊어도 생활을 꾸려나가는 데 엄청난 도움이 된다는 것을 미처 자각하지 못하고 있는 것이다.

물론 괴롭고 힘드니 밤에는 깡소주라도 한잔 마시지 않으면 불면의 밤을 보내야 한다는 것을 잘 안다. 하지만 괴롭고 힘든 생활이 바로 그 술 때문이라는 것을 알아야 한다. 괴롭고 힘들

다고 폭주를 하면 다음날 몸이 아파서 더욱 괴롭고 힘든 나날
이 된다. 진실은, 돈 때문에 괴롭고 힘든 게 아니라 술 때문에
괴롭고 힘든 것이다.

우리 셋은 또 하나의 공통점이 있었으니, 셋 다 '한 큐'를 노
린다는 점이었다. A는 언젠가는 다시 재기해 사채업을 제대로
한번 해보고 싶다는 꿈을 키워나가고 있었고, B는 무역업으로
돈을 벌어 못 쓰게 된 다리를 언젠가는 꼭 고치겠다는 꿈을 키
워나가고 있었고, 나는 나대로 언젠가는 멋진 책을 꼭 쓰리라
는 소중한 꿈을 키워나가고 있있다.

그러다 보니 우리는 생각이 너무 복잡했다.

"아, 그럴 수만 있다면, 내 머릿속을 하이타이로 빡빡, 말끔
히 씻어내고 싶구나."

술을 마시다가 누군가 그렇게 말하면 다른 둘은 정말 그렇다
며 맛장구를 쳤다.

재능이 많다거나 머리가 복잡하다는 것은 무능력하다는 것
과도 같은 의미다. 재능이 많거나 머리가 복잡하면 오히려 돈
을 못 벌 수도 있다.

'돈을 추구하지 말고 가치를 추구하라'는 말조차도 복잡한
말이다. 돈을 벌고 싶으면 그냥 돈을 추구해야 한다. 돈은 추상
적인 관념이 아니라 구체적인 물질이기에, 너무 재능이 많거나

머리가 복잡한 사람들한테는 오히려 잘 안 붙을 수 있다.

부와 명예를 동시에 추구하고 싶다는 것도 위험천만한 발상이다. 부와 명예는 반비례의 관계이기 때문이다. 한번 생각해보라. 유사 이래 수없이 많은 부자들이 세상에 크고 작은 족적을 남겼건만, 오늘날까지 우리에게 존경을 받고 있는 부자가 과연 몇 명이나 되는가.

그렇게 우리는 술을 마셨고 담배를 피웠으며 머리가 너무 복잡했다. 그러한 약점에도 불구하고 우리 셋은 IMF의 길고 어두운 터널을 잘 벗어나 오늘날 그런대로 다들 멀쩡히 잘 살고 있으니 하늘의 도우심이다.

A는 사채업은 뒤로 미룬 채 건설계통의 회사를 책임지고 있으며, B는 무역업으로 다시 복귀해 중국 대륙을 휘젓고 다니고 있으며, 나는 나대로 글을 쓰고 책을 만드는 데 혼신을 다하고 있다.

"이봐, 우리 모처럼 IMF 동지 모임 한번 해야 되지 않겠어!"

요즘도 이따금 그런 통화를 주고받고는 있지만 그 시절 이후, 진탕으로 술을 마셔대는 'IMF 동지' 모임을 열기란 여간 어려운 일이 아니었다. 술과 담배, 복잡한 머리로 세상을 이겨낼 수는 없다는 것을, 다들 자각했기 때문이다.

생각을 단순화하라.

이제는 어렴풋한 추억이 되어버린 그 시절, 생각을 조금만 더 단순화시켰으면 얼마나 좋았을까. 단순한 게 복잡한 것을 이기는 세상이라는 것을 그때는 왜 몰랐을까. *

좌우명을 준수하라

이민을 떠나기로 결심했다.

홈리스가 되기 전에 이미 마음을 굳혔다. 외국으로 훌쩍 떠나서 새로운 삶을 개척하기로 작정하니 마음이 한결 가벼워졌다.

가재도구를 전부 처분했다. 냉장고, 세탁기, 장롱, 주방의 살림도구 등은 주변의 어려운 사람에게 쓰라고 주고, 그나마 남아 있던 1천여 권의 책에서 다시금 100권을 추리고 나서 나머지는 전부 밖에 내놓았다. 야반도주는 아니었지만, 옷가지와 몇몇 짐들을 가까스로 챙긴 채 빠져나오는 식이었다.

"어차피 이민 떠날 때 전부 버려야 할 것들이야. 나중에 다시 장만하기로 하자."

신접살림을 꾸려나가며 정들었던 가재도구들을 떠나보내며 못내 아쉬워하는 아내를 그렇게 달랬다.

"그래도 이건 가져갈 거야!"

아내는 식탁은 버릴 수 없다고 버텼다. 아내 덕분에 가재도구들 중에서 끝까지 갖고 온 것은 주방 식탁뿐이었다. 옅은 주홍빛이 나는 그 식탁은 그 후 모진 풍파를 잘 버티고 버텨, 고맙게도 현재까지 잘 쓰고 있다.

짐은 대충 정리가 되었지만 가장 중요한 문제가 남아 있었다. 나는 홈리스가 되어도 상관없지만 아내마저 홈리스가 되게 할 수는 없었다. 수중에는 작은 월세 하나 구할 돈도 남아 있지 않아서, 일단은 처가에서 기거하기로 했다. 홈리스 생활에 돌입하게 되었지만, 실질적으로는 처가살이가 시작된 것이다.

'겉보리 서 말만 있으면 처가살이 하랴'는 속담도 있듯이, 그 서 말의 겉보리조차도 없어서 처가살이를 하던 그 시절이 못내 부끄럽기만 하다.

비록 알거지가 된 신세지만 그래도 처가살이를 하는 명분은 있어야겠기에, 1년 전에 장모님이 먼저 돌아가셔서 혼자 밥을 끓여 먹고 계신 장인어른을 우리가 곁에서 잘 모신다는 명분 아닌 명분을 굳이 만들어냈고, 이민 수속을 밟아서 떠나기 전까지만 임시로 거처하자는 명분 아닌 명분을 만들어내야 했다.

단돈 100만 원만 있었어도 처가살이는 하지 않았을 것이다. 보증금 100에 월세 얼마의 방을 구해서 옮기면 될 터였다.

하지만 100만 원은커녕 수중에는 단돈 10만 원도 남아 있지 않았다. 전세 보증금으로 악성 채무를 다 갚는 데도 모자라 자잘한 채무가 여전히 남아 있던 처지에 100만 원짜리 월세를 구하기에도 벅찼다.

IMF의 여파는 이토록 처절했다. 그렇게 나의 홈리스 생활은 시작되었다. 그때 나를 도와준 후배가 있었다. 그 후배는 서울교대 근처에서 작은 출판사를 운영하고 있었다. 그는 내가 작업할 데가 없는 것을 알고 출판사 공간을 쓸 수 있게 해주었다.

크고 작은 서적 도매상들이 줄도산 사태를 이어나갔고, 하루에도 수없이 많은 출판사들이 문을 닫던 시절이었다. 후배의 출판사 역시 IMF의 타격으로 작은 건물의 한 층을 다른 출판사와 나눠 쓰고 있던 처지였기에, 낮에는 출판사 직원들이 쓰고 밤에야 내가 쓸 수 있었다.

학번 차이가 꽤 나다 보니 대학 다닐 때는 서로 일면식도 없던 사이였지만 나에게 출판사 공간을 선뜻 내주었던 그 후배에 대한 고마움은 두고두고 갚을 길 없다.

본의 아니게 낮과 밤을 거꾸로 사는 생활이 시작되었다. 그래도 서울 한복판에 작업 공간을 갖게 되었다는 것만도 감지덕지였다.

마침 처갓집에서 교대 앞으로 가는 시내버스가 있었다. 직원들 퇴근시간에 맞추어 교대 앞에 도착하면, 출판사 근처의 가게에서 컵라면과 계란부터 샀다. 밤이 깊어 속이 쓰라릴 정도로 허해지면 먹을 야참이었다. 생계란 하나 깨뜨려 넣은 컵라면으로 공복을 달래며 그 어렵던 시절, 이를 악물고 3권의 장편소설을 탈고했다.

이젠 과거를 회상하며 '그래, 그땐 참 고생 많았었지' 하며 빙그레 미소를 지을 만도 하건만, 그때를 생각하면 다시금 눈시울이 뜨거워진다.

'집도 없이 떠돌던 그 시절로 다시 돌아가면 여전히 잘 살아낼 수 있을까?'

그때 나의 좌우명은 '웃으면 복이 와요'였다. 처갓집 방 벽에 '웃으면 복이 와요'라고 크게 써 붙여 놓았을 정도였다.

"얼마나 웃지 않았으면 이런 좌우명을 다 붙여 놓았을까."

언젠가 처형이 놀러 와서 방 벽에 붙어 있는 '웃으면 복이 와요'를 보고 한 말이다.

정말 그랬다. 언제부터인가 나는 잘 웃지 않는 사람으로 변해 버렸다. 나의 눈은 살기와 독기로 빛났으며, 나의 머릿속은 하루라도 빨리 한국을 탈출하고 싶은 마음뿐이었다. 누군가 나에게 말이라도 걸면 반사적으로 주먹부터 나갈 판국이었다.

'웃으면 복이 와요'를 좌우명으로 새기고 있었지만, 정작 나 자신은 잘 웃지 않는 생활을 하고 있었다. 그 후 5년의 세월이 흘러 『한국 최고경영자, 100인의 좌우명』이라는 자유계발서적을 집필하면서야, '그때 내가 좌우명을 너무도 지키지 않았구나!' 하는 생각을 하게 되었다. 그때 '웃으면 복이 와요'만 잘 지켰어도 나는 저 깊은 바닥에서 좀 더 일찍 탈출할 수 있었을 텐데….

물론 억지로라도 웃으려고 노력하지 않은 것이 아니다. 나의 어려운 처지를 전혀 내색하지 않으며 밝고 즐겁게 지내려고 갖은 애를 썼다.

"야, 너 무슨 좋은 일 있냐? 좋은 거 있으면 같이 좀 하자."

모처럼 전화통화를 하게 된 문단의 선배가 그렇게 말할 정도였다. 그의 말에 나는 더욱 크게 웃고야 말았다.

'내가 홈리스가 된 것을 이 선배가 알기나 할까?'

내가 홈리스 생활을 했다는 것을 아는 사람은 이 세상에 우리 아내밖에 없다. 속초의 부모님도 모르시고, 형과 여동생도 모르고, 친한 친구들도 모른다. 홈리스 생활을 한 게 부끄러워서 밝히지 않은 게 아니라, 굳이 밝히고 싶지가 않아서였다.

그렇게 깊이 간직해오던 비밀을 이 책에서 굳이 털어놓는 이유는, 무일푼 알거지 상태에서도 밝게 웃으며 살아가다 보면 언젠가는 반드시 좋은 날이 다시 온다는 것을 간절히 얘기하고 싶기 때문이다.

좌우명을 준수하라. 힘들고 어려운 위기상황일수록 자신에게 맞는 좌우명을 정해 깊이 새기며 좌우명을 잘 준수하면, 세상살이가 덜 힘들어진다. *

자기 자신을
속이지 마라

남이 나를 속이는 것보다 더 무서운 것은 내가 나를 속이는 것이다.

남이 나를 속이는 것은 전후좌우를 살펴보면 알아챌 수도 있지만, 내가 나를 속이는 것은 알아채기가 여간 어렵지 않기 때문이다.

힘겨운 세상을 살아가다 보면 자기암시와 자기최면이 필요한 때도 있겠지만, 그러한 암시가 명백한 거짓일 경우, 자기 자신을 철저히 속이는 덫에 걸려버리고 만다. 홈리스 생활 속에 나 자신을 속인 자기암시에는 몇 가지가 있었으나, 가장 심각했던 것은 밑바닥 생활이 주는 편안함에 젖어 들었다는 사실이다.

모든 것을 다 잃고 난 상태에서 더 이상 잃을 게 없다는 게 오히려 편안함을 주었고, 밑바닥까지 내려간 상태에서 더 이상 추락할 곳도 없다는 게 오히려 안온함을 주었다. 그 편안함과 안온함을 즐긴 건 아니었지만, 자기최면을 계속 걸다보니 그 속에 매몰될 위험성이 있었다.

거리의 노숙자들이 미자립의 늪에서 헤어나지 못하는 것은 어쩌면 그러한 자기최면 때문인지도 모른다. 때가 되면 밥 주겠다, 낮이고 밤이고 술 마시고 싶으면 언제라도 먹을 수 있겠다, 아무것도 가지지 않은 '무소유'의 편안함에 젖어들게 되는 것이다.

그런 심리상태를 처음 느낀 것은 도봉구의 마지막 전세를 처분하고 작은 트럭에 짐을 싣고 처가로 향할 때의 일이었다. 정말 신기한 일이었다. 바로 전날까지만 해도 마지막 끈을 놓지 않으려고 안간힘을 다 썼었는데, 막상 모든 걸 다 잃고 나니 오히려 마음이 편해지다니….

처가살이를 하면서도 자기최면을 계속 걸었다.

'나는 결코 집 없이 떠도는 홈리스가 아니야. 나는 이민 준비 중이며, 혼자 계신 장인어른이 마음이 안되어서 진지라도 챙겨드리려고 여기 들어와 살고 있는 거야. 부끄러워할 것도 수치스러울 것도 없어. 어차피 이민 가기 전까지만 여기 있을 거니까.'

하지만 그것은 자기최면을 뛰어넘는, 명백한 자기기만이었다. 이민을 가려고 해도 수속을 밟을 돈조차 없는 상태에서는 이민도 마음대로 갈 수 없다는 것을 너무도 잘 알고 있던 내가 스스로에게 그런 자기기만적인 최면을 걸고 있었던 것이다. 물론 그런 최면이라도 걸지 않으면 얼마나 살아가기 힘든 상황이었던가.

그러나 이렇게 계속 살아갈 수는 없었다. 홈리스에서 벗어나기로 마음먹었다.

친구 둘이 50만 원씩 해서, 월세 보증금을 마련해 주었다. 벼룩시장이나 교차로 등을 닥치는대로 뒤졌지만, 보증금 100만 원에 갈 수 있는 곳은 옥탑방뿐이었다.

결혼하기 전에 혼자 자취생활을 할 때는 한동안 옥탑방을 동경한 적이 있었다. 화장실까지 따로 구비되어 있는 옥탑방이 그 누구의 간섭도 받지 않는 자유 공간으로 보였기 때문이다.

하지만 막상 이삿짐을 풀어놓은 옥탑방은 자유 공간은 자유 공간이로되 극심한 겨울 추위와 맞서 싸워야 하는 북극 지대이기도 했다.

"옥탑은… 여름엔 덥고 겨울엔 추워요!"

주인댁의 그 말이 처음엔 무슨 뜻인가 했다. 아직 추위가 닥치지 않은 가을에는…. 겨울이 되어서야 주인댁의 그 말을 이해할 수 있었다.

정말 추웠다. 문을 꼭 닫아 건 방 안은 그런대로 괜찮았지만, 알루미늄 샤시로 막아놓은 부엌과 화장실은 너무 추웠다. 한겨울 추위가 밀어닥치자 부엌과 욕실의 천장에 고드름이 열렸으며, 현관에는 질펀한 물이 괴었고, 방 안은 견딜 만했으나 방은 방대로 벽에 짙푸른 곰팡이가 여기저기 피어났다.

다시금 최면을 걸 수밖에 없었다.

'우리는 사회인이 아니야. 우리는 지금 20대 초반의 대학생 부부야. 대학생 부부가 가난하게 사는 건 당연한 일이야. 머지않아 우리는 사회로 진출할 것이고, 우리는 곧 이 옥탑방에서 탈출하게 될 거야.'

그래도 우리는 행복했다. 자기최면이 효과가 있었던 걸까. 부엌과 천장에 고드름이 열리는 얼음집에 살면서도, 서울 한복판에 우리만의 공간이 있다는 사실에 감사했다.

옥상의 얼음집에 살면서도 나름대로의 즐거움은 있었다. 하늘과 가까이 있어서 좋았고 밤하늘의 별을 가깝게 볼 수 있어서 좋았다.

그때 우리의 유일한 낙은 주말마다 목욕탕에서 몸을 지지고 고기뷔페에서 영양보충을 한 후, 옥탑방의 방 안에서 이불을 뒤집어쓰고 중국 드라마 〈황제의 딸〉을 보는 것이었다. 자미와 제비가 선물해 준 〈황제의 딸〉의 재미가 없었더라면 얼음집 세월을 어떻게 견딜 수 있었을까? 〈황제의 딸〉을 보며 웃고 눈물 짓는 재미난 시간을 보내며 1주일의 피로를 풀 수 있었으니, 지금도 우리는 그 드라마를 인류 역사상 최고의 걸작으로 친다.

자기 자신을 속이지 말아야 한다. 내가 나를 속이면 세상 그 누구도 나를 믿지 않게 된다. 자기 자신에게 진실하게 사는 것은 난세를 헤쳐 나가는 강력한 힘이 될 수 있다. *

믿어주지 않는다고
한탄하지 말고 믿게끔 하라

친구들과의 술자리에서 있었던 일이다.

C는 고생고생 하다가 건물 주인의 신임을 얻어 큰 빌딩의 관리 책임자로 일하고 있었고, D는 사업을 하다가 두 번 실패한 후 재기를 노리고 있던 참이었다. 그때 나는 이미 옥탑방의 얼음집에서 탈출에 성공한 후 반지하를 거쳐 송파구 아파트로의 안착에 성공해 있었다.

토요일 오후, 해가 아직 떨어지지 않은 시간이었지만 우리는 '닭 한 마리' 집으로 들어갔다. 나와 D는 네 시가 다 되도록 아직 점심을 못 먹은 상태였고 속도 출출하던 참이어서 닭 한 마리 삶아놓고 소주를 먹는 게 제일 나을 것 같았다.

널따란 냄비에 닭이 부글부글 끓고 술이 몇 순배 돌고 나자, D가 푸념을 늘어놓기 시작했다.

"일을 다시 하긴 해야겠는데, 사람들이 내 말을 믿어주지 않아서 미치겠다."

D는 사업 실패의 늪에서 여전히 빠져나오지 못한 상태였다. D의 말을 듣고 잠시 침묵을 지키던 C가 입을 열었다.

"믿어주지 않는다고 한탄만 하지 말고 한번 믿게끔 해봐."

그 말을 듣는 순간 나는 온몸에 소름이 돋았다. 나에게도 해당되는 말이었다. 세상이 나를 믿어주지 않는다고 한탄하기 전에 세상이 나를 믿게끔 했어야 했다. 너무 멋진 말이라서 술을 먹다 말고 노트에 메모까지 했다.

C는 D를 격려하기 위해 자신이 고생했던 이야기를 들려주었다.

"나도 그동안 고생을 엄청 했어. 빈털터리로 서울에 올라와서, 한동안 하루에 계란 세 개로 끼니를 때우곤 했어. 아침에 하나, 점심때 하나, 저녁때 또 하나, 라면 살 돈도 없어 날계란 세 개로 하루 식사를 대신하곤 했지. 그러다가 일자리를 구하게 되었고, 아무 생각 없이 일만 열심히 하다가 지금의 건물 주인을 만나게 된 거야. 한두 번 일을 맡겨 보다가 내가 믿을 만

하다고 판단을 내렸는지, 세입자의 임대료 수금에서부터 세금 납부나 시설관리 직원들의 감독에 이르기까지, 빌딩의 모든 관리를 나에게 맡기게 된 거야. 그 누구도 다른 사람을 처음부터 완전히 믿지는 않아. 남이 나를 처음부터 믿어주지 않는다고 뭐라 할 수는 없어. 오래된 친구도 서로 못 믿는 판국에 처음 보는 사람을 어떻게 믿겠어. 어쩔 수 없어. 믿어주지 않는다고 한탄하지 말고 믿게끔 계속 노력하는 수밖에."

C의 말을 들으면서, 반지하 시절이 떠올랐다. 옥탑방 얼음집에 살던 우리 부부는 어느 출판사 대표의 도움으로 1천만 원 넘는 돈을 모을 수 있었다. 물론 그가 우리를 그냥 도와준 게 아니라 우리가 그 출판사 일을 해준 것이었지만, 그 어렵던 시절에 우리에게 일거리를 줌으로써 우리가 돈을 모을 수 있게 해준 그분에게 지금도 감사드린다.

그 돈으로 우리는 옥탑방 얼음집에서 탈출할 수 있었다. 혹독한 겨울 추위를 무사히 잘 견디고 나서, 여름의 태양이 옥탑방 지붕을 뜨겁게 달구기 직전에.

1천만 원으로 방 두 칸짜리 반지하 월세를 구했다. 벼룩시장에는 방이 세 칸이라고 나와 있었지만, 한 칸은 거실로 쓰게 트여 있어 두 칸이나 세 칸이나 그게 그거였다.

옥탑방 얼음집에서 탈출해 반지하로 이사 가던 날, 우리 부부는 얼마나 기뻐했던가. 이젠 부엌과 화장실 천장에 고드름이 열리는 모진 추위에 시달리지 않아도 되었고, 반지하이긴 해도 안방은 대문을 걸어 잠근 마당으로 연결되어 있어서 사생활 침해를 걱정하지 않아도 될 터였다.

하지만 그 기쁨은 불과 하루도 가지 않아서 무참히 깨지고 말았다. 이삿짐을 대충 풀고 잠자리에 누워서야 옆집의 말소리가 전부 들린다는 사실을 알게 되었다. 방음이 전혀 되지 않았다. 아기 울음소리는 물론 옆집 부부의 대화소리도 또렷하게 들렸다.

게다가 그들 부부는 왜 그렇게 싸움을 많이 했던지. 하루가 멀다 하고 "우당탕 쿵탕" 하며 시끄럽게 싸움을 해대는 통에 정신이 다 사나웠다. 좀 더 변두리로 알아보았으면 지상의 조용한 집을 구할 수 있었을 텐데, 아무 생각 없이 반지하의 시끄러운 집으로 날아온 게 못내 후회되었다.

그날 밤부터 나는 매일 꿈을 꾸었다. 반지하에서 기어코 탈출하여 지상에서 조용하고 아늑한 잠자리를 맞이하는 꿈을.

그때부터 나는 출판에 관계되는 일을 더욱 열심히 맡아서 하기 시작했다. 『히딩크 리더십』을 썼으나 월드컵이 열리기 1년 전의 일이어서 무참한 실패를 맛보았다. 하지만 굴하지 않고 출판 관련 일에 더욱 몰두했다. 2권의 대필을 해서 생계를 꾸려

가는 한편, 마지막까지 나의 영육을 짓밟아 오던 악성 채무를
전부 갚아버렸다.

은행 빚에서 전부 해방되던 날, 날아갈 듯이 기뻤다. 얼마나
고대해오던 감격의 순간이었던가. 주머니에 100원짜리 하나
없어도 좋았다. 은행 빚에서 벗어날 수만 있다면 수중에 단 한
푼의 돈이 없어도 좋겠다며 간절히 바라던 순간이 마침내 오고
야 만 것이다.

그 순간을 맞이할 수 있었던 것은 믿음 때문이었다. 싫은 내
색 한번 하지 않고 나를 믿으며 꿋꿋하게 참아준 아내의 믿음
덕분이었고, 한동안의 방황을 짧게 끝내고 출판계로 다시 복귀
하여 끝까지 밀어붙인 '글'과 '책'에 대한 믿음 덕분이었고, 저
놈은 그래도 '나 몰라라' 하며 잠수 타버리지 않고 끝까지 남아
서 돈에 대한 책임을 진다며 나를 믿어준 주변 사람들의 덕분
이었다.

홈리스 시절부터 반지하에 이르기까지 파란만장한 생활을
겪으며 얻은 교훈이 하나 있다면, 바닥에서 탈출하기 위한 가
장 중요한 경험칙은 '믿음'이라는 진리이다.

인간적으로 많은 약점을 지니고 있었기에, 나라고 왜 잠수를
타고 싶은 생각이 없었을까? 신혼집을 전부 처분하고 '나 몰라
라' 하며 아무도 모르는 곳으로 도피하여, 전혀 새로운 삶을 살

고 싶은 충동이 없었던 건 아니다. 신용보증을 서준 여럿 친구들이 다치건 말건, 그냥 튀어버리면 그만이었다.

그러나 인간이 어떻게 그럴 수가 있는가. 나를 믿고 보증을 서준 친구들의 의리에 반할 수는 없었다. 홈리스가 되면서까지 친구들의 의리에 끝까지 보답했고, 옥탑방 얼음집과 반지하를 전전하며 끝까지 싸운 끝에 마침내 악성 채무에서 모두 벗어날 수 있었던 것이다.

반지하 시절, 우리 부부의 유일한 낙은 축구경기를 보는 것이었다. 2001년 11월, 서울월드컵경기장 개장 기념으로 열린 크로아티아와의 2-1 역전승 경기의 감격은 지금도 잊을 수 없다. 히딩크 감독이 '오대영'의 수모와 지탄에서 벗어나는 순간이었고, 머지않아 우리도 반지하 월세에서 벗어나리란 희망을 갖게 해준 경기였다.

믿어주지 않는다고 한탄하지 말고 믿게끔 하라. 성실하게 살아가다 보면 그대를 믿어주는 사람들이 더욱 늘어나, 그대는 어느새 바닥에서 탈출하여 저 높은 곳으로 올라가 있을 것이다. *

생각이 바뀌면
세상이 바뀐다

급한 대로 악성 채무부터 전부 갚고 나서 돈을 좀 더 모아 반지하에서의 탈출을 시도했다.

송파구 가락시장 근처의 아파트를 월세로 얻었다. 보증금 5천에 월세 40만 원짜리 아파트였는데, 반지하 보증금 1천과 적금 1천에 나머지 3천은 은행에서 보증금대출을 받아서 충당했다.

1천만 원의 적금 얘기가 나온 김에 적금의 중요성을 강조하고 싶다. 아무리 생활이 어려워도 적금만큼은 꼭 들라고 당부한다. 한 달에 50만 원도 좋고 100만 원도 좋고, 꼭 적금을 들어야 한다. 정히 어려우면 한 달에 25만 원짜리 적금이라도 부어야 한다. 어려운 생활 속에서도 적금을 들어놓으면 나중에 남는 건 그 돈밖에 없다. 요즘 주식이다 뭐다 말들이 많은데, 알거지에서 다시 시작하는 사람이 목돈을 만지기에는 적금이 제일이다.

그런데 허망하게 날려버린 상계동 신혼집 생활을 하루라도 빨리 복구하고 싶어서 가락시장의 아파트를 월세로 구한 것은, 실은 잘못된 결정이었다. 허리띠를 좀 더 졸라매고 보다 허름한 집을 전세로 구했어야 했다. 월세 40에 보증금 대출이자 10을 더해서 한 달에 50만 원을 덧없이 날려버리지 말고, 차라리 전세로 옮겨서 그 50으로 적금을 들어 꼬박꼬박 모았어야 했다.

물론 보증금 대출이자야 어김없이 빠져나가겠지만 이자가 그리 비싸지도 않고, 그냥 나가버리는 월세 40만큼은 막아낼 수 있었기 때문이다. 그래서 할 수만 있다면 무조건 전세로 옮기라고 당부하고 싶다. 그래야 목돈을 빨리 쥘 수 있다.

비록 잘못된 판단 하에 월세로 시작하긴 했지만, 가락동 아파트에서의 생활은 너무도 행복했다. 반지하에서의 탈출을 기념하듯 우리 태극전사들은 2002년 월드컵에서 4강의 대업을 이루어냈고, 근처에 가락시장은 물론 대형할인마트가 있어서

쇼핑하기에도 편했고, 틈틈이 아파트 근처의 공원에서 배드민턴을 치며 놀다가 주말이면 남한산성의 청량산을 찾아 땀을 흠뻑 흘리는 건강한 생활을 만끽할 수 있었다.

그러나 나의 생활은 반지하에서 탈출했지만, 나의 영혼은 여전히 지하에 머물러 있었다. 새옹지마라고 했던가. 월드컵 4강의 감격이 채 가시기도 전에 세찬 시련이 몰아쳐 왔다. 내 소설을 받아주는 데가 없다는 것이었다. 장편소설을 하나 탈고했으나 책으로 펴내는 데는 실패했다. 공들여 쓴 작품이었지만 출판사미디 번번이 퇴짜를 놓았다. 40여 군데에 달하는 출판사에 작품을 보냈으나 전부 퇴짜를 맞는 참담한 결과에 이르렀다.

실패의 원인은 어디에 있었을까?

IMF의 여파로 출판사마다 소설을 펴내길 꺼리는 상황도 작용했겠지만, 보다 근본적인 원인은 나의 필력이 부족했기 때문일 것이다. 또 하나이 주요 원인은 소설의 스토리가 그들이 보기에 황당하게 느껴졌기 때문일 것이다. 여전히 빛을 보지 못한 채 몇 년째 어둠 한가운데 도사리고 있는 이 미발표 소설은 중국의 패권을 막아내기 위한 미국의 음모를 담아낸 줄거리를 갖추고 있는데, 다른 사람들이 보기에는 황당하게 보였나 보다.

그렇다고 논술 책 출판을 빌미로 '논술 전문가' 행세를 하며 학원에서 일하고 싶은 생각은 없었다. 굶어 죽는 한이 있더라도 학원만큼은 피하고 싶었다. 강남의 한 입시학원에서는 파격적인 조건을 내세우며 나를 영입하려고 했지만, 논술을 빙자해 학부모들의 고혈을 짜내고 싶은 생각은 추호도 없었다. 사교육에 물든 세상에 무릎을 꿇고 굴복하느니 차라리 굶어죽는 게 나았다.

남의 속도 모르는 주변 사람들은 내가 송파구의 아파트에 살면서 논술 책을 펴내며 살아가니, 내가 논술과외나 학원 강의로 떼돈이라도 버는 줄 알고 있었지만, 그건 순전히 잘못 생각한 오해였다.

'학부모들의 고혈을 짜내며 살아갈 바에는 차라리 허리띠를 졸라매고 떳떳하게 살아가련다. 탕수육 먹을 거 자장면 먹으면 되고, 자장면 먹을 거 라면 먹으면 되지 않으리. 라면도 없으면 친구 말마따나 생계란 하나 깨먹으면 되고.'

그러다 보니 나는 철저히 고립되어 갔다. 내가 세상을 무시하니 세상도 나를 무시하기 시작했고, 내가 세상을 외면하니 세상도 나를 외면하기 시작했다.

세상과의 적절한 타협과 적절한 거리 유지….

그 시절 내가 처절하게 깨달은 경험칙이 하나 있다면 '생각이 바뀌면 세상이 바뀐다'는 것이다. 내가 바뀌지 않으면 절대 세상은 바뀌지 않는다. 세상이 바뀌길 바라기 전에 내가 먼저 바뀌어야 한다.

우리 사회에서 외골수로 나가면 단 한 푼의 돈도 벌 수 없다. 돈을 번다는 것은 혼자만의 행위가 아니라 대사회적인 활동이기 때문이다. 돈을 벌고 싶으면 세상과 어느 정도 타협해야 한다. 특히 파행적으로 일그러진 우리 사회에서 세상과 조금이라도 타협하지 않는다면, 무슨 수로 돈을 벌 수 있으리.

돈을 버는 게 다가 아니라는 주장은 설득력이 없다. 돈을 버는 게 다는 아니지만, 우리 사회에서 돈 없이 어떻게 살아갈 수 있겠는가. 자신의 신념과 가치관에 100퍼센트 합당하게 돈을 버는 유일한 방법은 세상을 전복시키는 것뿐이다. 당신은 이 세상을 전복시킬 수 있겠는가? 돈을 전복시키는 방법은 두 가지뿐이다. 평생을 거지로 살든가, 아니면 세상과 손을 잡고 살든가!

생각이 바뀌면 세상이 바뀐다. 세상을 탓하지 말고 자신의 능력이 부족함을 탓해야 하고 세상이 나를 알아주지 않는다고 탓하지 말고 자신의 부족함을 먼저 인식해야 한다. 세상에 먼저 손을 내밀어야 한다. 그래야 굶어 죽지 않는다. ✽

끌려가지 말고 리드하라

길고 어두운 IMF의 터널을 빠져나오는 데 꼬박 9년이 걸렸다.

나의 육체는 비록 가락시장의 아파트로 탈출해 있었지만 나의 영혼은 여전히 옥탑방 얼음집이나 반지하에 머물러 있었는데, 그러한 나의 영혼을 구출해 준 곳이 바로 교회였다.

IMF의 기나긴 터널을 빠져나오는 데 걸린 9년 세월의 마지막 1년 동안 교회에 다니며 나는 비로소 완전하게 지상으로 빠져나올 수 있었다.

누군가 교회 말만 꺼낼라치면 집어치우라고 호통을 치던 내가, 머리를 깎고 금강산에 들어가 '해림(海林)'이라는 법명까지 얻었던 내가, 교회에 다니게 될 줄이야(남한에도 금강산이 있다. 강원도 속초와 인제를 잇는 미시령을 기점으로 미시령 남쪽은 설악산이고, 미시령 북쪽은 금강산임. 필자의 고향이 강원도 속초이니 믿어도 된다).

교회에 다니며 술과 담배를 끊음으로써, IMF의 터널을 완전히 벗어날 수 있었다.

터널 속에 갇혔던 9년의 싸움은 돈과의 전쟁이었다기보다는 술과의 전쟁이었다고 할 수 있다. 진작에 술을 끊었더라면 터널 속의 9년 세월을 5년이나 3년으로 훨씬 단축시킬 수 있었을 것을. 아니, 아예 술을 입에 대지 않았더라면 터널 속에 갇히는 일도 없었을 것을. 술로 허비한 지난 세월이 너무도 안타깝기만 하다.

제1경험칙을 다시 한 번 강조하건대, 돈을 벌고 싶으면 술부터 끊어라. 자유계발을 완성하고 싶으면 술부터 끊고 시작해야 한다. 이보다 더 절절한 자유계발의 경험칙이 어디 있겠는가.

그동안 술로 인한 피해는 이루 말할 수 없다. 못나게도, 왜 그렇게 술을 많이 마셨던가?

군대에서 있었던 불미스러운 과거, 25세의 죽음… 어디론가 끌려가 죽도록 터지며 고문을 당한 사건이 있었고, 그날 이후 나의 젊은 청춘은 만신창이로 일그러져버렸으니, 젊은 날의 악

몽의 순간을 잠시나마 잊게 해준 것은 오로지 '술'뿐이었다.

그날 이후 왜 나는 생존의 힘을 얻는 수단으로, 왜 그토록 '술'에만 의지해서 살아왔던가! 허리의 통증을 잊는 수단으로, 삶의 무게를 덜어내는 수단으로, 왜 그토록 술만 마셔왔던가! 어리석게도, 왜 그렇게 패배의 길을 자초했던가!

어둠 속에 갇힌 채 그런 삶을 살아온 내가 어느 날 갑자기 술을 딱 끊고 교회에 나가기 시작하자 주변 사람들이 모두 뒤집어졌다. 25세의 죽음에서 47세의 부활로 다시 태어났으니 기적이 일어난 것이다.

술 한잔 하자는 선배의 전화에 내가 "술 딱 끊고 요즘 교회 다닌다."고 했더니 그 선배가 대뜸 한다는 말이 걸작이었다.

"야, 너 아직 목사 안 두드려 팼냐?"

선배의 그 말에 피식 웃을 수밖에 없었다. '죽을 거 같아서, 술을 계속 마시다간 술병을 입에 문 채 이대로 죽을 것 같아서 딱 끊고 교회 다니기 시작했다'는 말은 하지 않았다. 어차피 '혁명가 예수'는 오래전인 대학 시절부터 존경해온 터였고, 예수 그리스도가 좋아서 교회에 갔지 세속적인 모습을 지나치게 드러내고 있는 일부 목회자들을 보고 교회에 간 건 아니었기에….

그렇게도 좋아하던 술을 딱 끊은 것 자체가 굉장한 기적이었는데, 교회에 다니기 시작하며 또 하나의 기적이 일어났으니, 믿음 생활을 시작한 지 1년 만에 집을 사게 된 것이다.

2007년 3월, 주택담보 대출이자가 폭등하기 직전의 일이었다. 파주의 출판단지에 가기 편하고 출판사들이 많이 몰려 있는 합정동이나 홍대 앞으로 가기 편하다고 생각되어 일산에 전세를 구하러 갔다가 담보를 끼고 아예 사버렸다. 신혼집을 날려버린 지 9년, 홈리스가 된 지 8년 만의 일이었다.

집을 사는 과정에서 부동산중개인들이 많이 도와주었다. 귀인을 만난 것이다. 그들은 전세로 사는 대신에 담보를 집히며 집을 사는 방법을 상세히 알려주었고(너무도 한심한 일이지만, 남들이 다 알고 있는 걸 나만 모르고 있었다. 하긴 남들은 다 가입하는 청약통장 하나 없었으니!), 대출이자가 곧 뛸 테니 고정금리로 하라며 금융기관을 알선해 주었고, 집주인에게 지불해야 할 중도금 몇천만 원도 무이자로 빌려주는 호의를 베풀었으며, 2,600세대 단지의 매물 중에서 가장 좋은 위치의 밝고 깨끗한 집을 찍어서 제일 싼 값으로 살 수 있게 해주었다.

매월 들어가는 대출이자가 부담스럽기는 하지만 큰 걱정은 하지 않는다. 신혼집을 날려버린 홈리스에서 옥탑방 얼음집과 반지하를 거치며 단련될 만큼 단련되었는데, 대출이자 정도를 걱정하겠는가. 오로지 두 손 모아 기원하건대, 독자 여러분은 나와 같은 어리석은 과정을 거치지 말고, 신혼 전셋집에서 곧바로 집을 살 수 있기를 기도드릴 뿐이다.

술을 끊고 나서 교회에 나가기 시작하면서 첫 번째로 맞이한 어버이날 있었던 일이다. 고향집에 전화를 드렸더니 아버지가 받으셨다.

"여보시오?"

아버지의 카랑카랑한 함경도 억양이 들려왔다. 어버이날인데도 고향집에 찾아뵙고 카네이션 하나 달아드리지 못해 정말 죄송하다는 말씀을 드린다는 게 그만 아버지의 음성을 듣는 순간 목이 콱 메었다.

"아버님…."

무슨 말인가 드려야 하는데, 목이 콱 잠기고 눈물이 마구 떨어져 아무 말도 드릴 수 없었다.

그동안 속 많이 썩여드려 정말 죄송하다는 말씀을 드려야 하는데, 하염없이 눈물만 솟구쳤다. 결국 아무 말도 드리지 못한 채 전화를 끊고 말았다.

"…!"

끌려가지 말고 리드하라. 술과 담배, 젊음의 혈기 등에 끌려가지 말고 자기 자신을 다스리고 리드하라. 바닥에서 탈출하려면 끌려가지 말고 리드해야 한다. 상황에 굴복해 끌려 다니기만 하면, 언젠가는 땅을 치고 후회하며 통한의 눈물을 흘리게 되리라. *

이별의 위기를 극복하라

대학동창의 빙모상에 문상을 드리고 오던 길이었다. 대학 시절 친하게 지냈던 동창이 마침 우리 집 근처에 살고 있어 그의 차를 타고 같이 왔다. 그와 이런저런 얘기를 나누다가 내가 부부싸움 문제로 화제를 돌렸다.

"나는 말야… 집사람한테 짜증이 나서 언성을 높이며 화를 벌컥 냈다가도, 그 사람 얼굴을 가만히 쳐다보면 미안한 생각이 들어. 그래서 화낸 걸 금세 후회하게 돼. 그동안 고생만 시켰는데, 화를 내서 미안한 생각이 드는 거야."

그랬더니 그가 정색을 하며 말했다.

"그래! 너는 제수씨한테 화내면 안 돼! 어디 화를 내냐. 같이 살아준 것만 해도 고맙지."

된장! 대학 다닐 때 제일 친했던 친구가 이 모양이니, 다른 사람들이야 나를 보는 시선이 고울 리 없다.

그래도 그 동창은 점잖게 얘기해준 편이었다. 결혼한 지 1년쯤 되었을까. 고향 친구 녀석은 나한테 그보다 더 심한 얘기를 했다.

"야, 너 아직 이혼 안 했냐?"

친구의 느닷없는 질문에 나는 두 눈을 부릅떴다.

"뭐 임마?"

그랬더니 그 친구는 한번 해볼 테면 해보라는 식으로 목소리를 더 크게 내는 것이었다.

"아직 이혼 안 당했냐고?"

고향 친구의 농담에 화를 낼 수도 없고, 우린 그냥 껄껄 웃고 말았다.

대학동창이 나보고 아내한테 화를 내지 말라고 한 것은 '경제적인 문제로 인한 고생'을 염두에 둔 거였고, 고향 친구가 아직 이혼 안 당했냐고 한 것은 '술만 먹으면 난폭해지는 나의 과격한 주벽' 때문이었다.

사실 우리 부부는 이 두 가지 문제로 많이 다투었다. 하지만 대부분의 싸움이 '경제적인 문제'보다는 나의 '정말 몹쓸 주벽'에서 비롯되었다.

경제적인 문제로 싸운 적은 그리 많지 않았다. 그러고 보면, 오히려 가장 많이 싸울 것 같았던 홈리스 시절이나 옥탑방 얼음집 시절에는 싸운 기억이 전혀 나지 않는다. 홈리스 시절이야 장인어른과 같이 있어서 크게 싸울래야 싸울 수 없어서 그랬다 손치더라도, 얼음집 시절에 전혀 싸우지 않은 것은 지금 생각해 봐도 신기하다. 어쩌면 우리 부부가 가장 행복했던 시절이 그때일지도 모른다. 비록 가진 건 별로 없었지만, 서로를 아껴주고 위해 주는 살뜰한 재미는 그때가 제일이었던 것 같다.

정말이지 그때는 천 원짜리 몇 장만으로도 그렇게 행복할 수가 없었다. 자장면을 먹어도 행복했고, 붕어빵을 사먹어도 행복했고, 사우나에서 목욕을 해도 행복했고, 고기뷔페에서도 행복했고, 얼음집 방 안에서 라면만 끓여먹어도 행복했다.

얼음집 시절에 한번은 아내가 독감에 걸린 적이 있었다. 목이 아프다며 밥 한 톨 넘기지 못했고 열이 펄펄 끓었다. 아랫동네 시장으로 튀어 내려갔다. 시장에서 콩나물과 둥그런 재래엿을 사고 나서, 다시 얼음집을 향해 튀어 올라갔다. 콩나물과 엿을 끓인 물을 마시면 감기가 떨어진다는 말이 생각났기 때문이다. 현진건의 소설 〈운수 좋은 날〉에 나오는 인력거꾼은 설렁탕을 사갖고 집으로 돌아가며 어떤 생각을 했을까?

그래도 열은 내리지 않았고 아내의 기침은 계속되었다.

"감기에는 그저 순댓국 국물에 고춧가루 확 풀어서, 소주 반 병이면 '감기 뚝'인데!"

나만의 특별 비방을 꺼내자 아내는 눈을 흘겼다. 지금 생각해 봐도 정말 한심하다. 남은 아파서 다 죽어 가는데, 어쩌자고 그런 농담을 했는지,

아무래도 안 되겠어서, 아내를 부축해 병원으로 갔다. 병원에서 주사를 맞았다. 타온 약을 몇 번 먹고 나더니 아내의 독감은 눈 녹듯이 사라져버렸지만, 내 마음속 깊이 박혀 버린 독감은 쉽사리 떨어지지 않았다.

'아내를 좀 더 따뜻한 집에 살게 해주었더라면, 감기에 걸리는 일은 없었을 것을…'

고단하긴 했지만 아름다운 추억으로 고이 간직하고 있는 그때를 생각하면 아내에게 결코 화를 내지 말라고 한 대학동창의 말은 백번 지당하다.

그런데 살아가다 보면 그때 그 시절을 깜빡깜빡 잊을 때가 있다.

2005년 12월 31일. 우리 부부에게 결혼 이래 최대의 위기가 닥쳤다. 우리는 헤어지기로 합의했고, 나는 송파구청에 가서

이혼서류를 챙겼다.

그런데 친구를 만나 증인 도장을 찍어 달랬더니 내가 내민 서류를 펼쳐보지도 않은 채 그 자리서 북북 찢는 게 아닌가.

"야 이 사람아. 이혼은 무슨 이혼이야. 그냥 살아! 제수씨 저번에 보니 괜찮더니만 그래! 그러지 말고 술이나 한잔 하고 화 풀어! 아줌마 여기 글라스 하나 줘요!"

친구는 북북 찢은 이혼서류를 방 저쪽에 휙 던져버리더니, 소주를 가득 따른 글라스를 건네주었다. 그의 돌발적인 행동에 나는 화가 치밀었다.

"야!"

"왜?"

"지금 이게 장난인 줄 아나?"

"장난 같은 소리 하고 있어요! 이 사람아, 이혼은 아무나 하는 줄 알아? 너희 부부가 뭐가 아쉬워서 이혼을 하냐. 정히 안 되겠다 싶으면 다음에 다시 와. 그땐 내가 두 말 없이 찍어줄 테니."

그의 단호한 행동에 더 이상 할 말이 없었다. 이혼서류는 이미 북북 찢어져 방바닥에 내팽개쳐졌고, 조용히 술이나 마실 수밖에.

'술 마시러 나온 게 아닌데⋯. 이혼수속을 밟으려고 나온 건

데….'

하지만 소주가 들어갈수록 아내에 대한 미움은 그리움으로 변해갔다.

'그래. 이혼은 무슨 이혼이야. 대충 마시고 들어가자.'

대충 마시고 들어갈 생각이었다. 그런데 그 '대충'이 되질 않았다. 술을 입에 댔다 하면 그래서 늘 문제가 되었다. 밤 두 시가 되도록 퍼마시고 나서 거의 쓰러지기 일보 직전에야 집에 기어들어갔는데, 아내는 아내대로 화가 날 대로 났는지 안에서 문을 열어주지 않았다. 초인종을 눌러도, 동네 시끄럽게 문을 발로 차도, 문은 끝내 열리지 않았다.

밖에서 오들오들 떨다가 첫 전철을 탔다. 어디로 갈까? 1월 1일. 아무 곳도 갈 데가 없었다. 2호선 전철을 타고 한 바퀴 빙 돌 동안 줄곧 생각했다.

'이 여자와 계속 살아야 하나?'

아내에 대한 미움 때문에 그런 생각이 든 건 아니었다. 지지리 고생만 시키며 살 바엔 지금이라도 내가 스스로 물러나는 게 차라리 아내의 남은 삶을 위해 더 나을지도 모른다는 생각이 들었기 때문이다.

합정역에서 6호선으로 갈아타서 마포로 갔다. 친구가 영업부장으로 있는 헬스클럽으로 가서 사우나를 할 생각이었는데,

한참을 걸어가다 보니 그날이 신정 휴일이었다. 노는 날이어서 친구는 출근하지 않았을 터였다. 지갑을 뒤져보니 달랑 3천 원이 남아 있었다. 5만 원 정도 있던 돈을 간밤에 술값으로 전부 날려버린 것이다.

그날따라 바람이 많이 불고 굉장히 추웠다. 숙취에 속이 쓰리고 몸이 허해서 그런지 더 춥게 느껴졌다.

마포역 바로 옆의 나무의자에 한참을 앉아 있었다.

'어디로 갈까?'

아니, 그보다 더 중요한 문제는 '앞으로 어떻게 살아갈까'였다. 아파트는 아내가 처분하라고 얘기해 두었다. 가진 돈 한 푼 없이 이혼을 하게 되었으니, 당장 살아갈 길이 막막했다.

'그래도 무슨 수가 생기겠지. 일단은 친구가 하는 공장에 가서 일을 하며 숙식을 임시로 해결하고, 회사에 취직한 후에, 돈을 좀 융통해서 회사 근처의 고시원으로 들어가면 되겠지…'

나무의자에 앉아 담배 한 갑을 거의 다 피우도록 궁상을 떨다가, 문득 고개를 들어 하늘을 보았다.

아, 1월 1일의 겨울하늘은 너무도 맑고 투명했다. 고개가 아프도록 한참을 우러르고 있는데, 문득 하늘이 미소 짓는 것 같았다. 또한 어디선가 이런 음성이 들려왔다.

"집으로 돌아가라. 그리고 하늘을 바라보며 살아가라."

나의 내부에서 들려오는 음성이었다. 그때 왜 내가 술을 딱 끊고 교회에 나가야겠다는 생각을 했을까?

'집으로 돌아가자. 앞으로 두 번 다시 술을 마시지 않으리라. 그리고 아내와 함께 교회에 다니자.'

우리 부부에게 닥쳤던 최대의 위기는 그렇게 '하늘'의 도움으로 잘 넘길 수 있었다. 물론 그 후로도 크고 작은 말다툼은 있었지만, 2005년 12월 31일만큼 심각하지는 않았다. 술을 끊고 교회에 다니면서 아내한테 화를 내거나 언성을 높이는 횟수가 차츰 줄어들었고, 부부간의 의견 충돌이 있을 때마다 화를 내기보다는 조용히 묵상하며 기도드리는 시간이 더 많아졌다.

그리고 옥탑방 얼음집에서 오히려 행복하게 보냈던 그 시절을 한시도 잊지 않게 해달라고 기도드리게 되었다. 부엌과 화장실의 천장에 고드름이 주렁주렁 매달리던 얼음집에서도, 뜨거운 라면 국물에 추위를 녹일 수만 있으면 너무도 행복해 했던 그 시절을… 얼음집에 살면서도 오히려 부부싸움 한 번 하지 않았던 그 아름답던 시절을….

이별의 위기를 극복하라. 아름답던 시절을 상기하며 마음을 돌려라. 회개와 용서와 사랑으로 다시 일어서라! *

사랑의 힘으로
전진하라

"인석이 아저씨가 2탄을 터뜨렸다"며 명문대 경영학과에 다니는 아들에게 전화를 걸었던 그 친구는 아들과의 통화를 이렇게 끊었다.

"아들아, 사랑한다…!"

그 옆에서 묵묵히 술잔만 기울이던 다른 친구가 핸드폰을 만지작거리더니 작은 한숨을 내쉬었다. 재수생 딸을 둔 그 친구는 딸 얘기만 나오면 "자기 인생 지들이 알아서 하는 거지 뭐." 하며 애써 무심한 척했지만, 재수를 하느라 마음고생이 심한 딸과 무언의 통화를 하고 있는 듯했다. 30년의 세월이 흘렀다. 30년 전에 우리가 그랬듯이 가슴 졸이며 대학 문을 두드리고 있는 딸에게, 그는 이렇게 얘기하고 있었다.

"딸아… 사랑한다…!"

사랑을 실천하는 방법은 저마다 다를 것이다. 하지만 우리는 공통된 생활양식을 취하고 있다. 남녀가 만나 서로 사랑을 나누고 사랑의 이름으로 결혼을 했다면, 사랑의 이름으로 그 사랑을 계속 이어나가야 한다. 사랑의 이름으로 만나 결혼했기에 다른 가치는 끼어들 틈이 없다. 사랑으로 만나 서로 결혼했기 때문에 서로 사랑해야 한다.

세상의 자유계발도 마찬가지다. 자유계발에 있어서의 최상의 가치는 '사랑'이다. 사랑만이 공부를 해결할 수 있고, 사랑만이 경제활동을 해결할 수 있고, 사랑만이 바닥에서 탈출하는 힘이 될 수 있고, 사랑만이 대인관계를 향상시킬 수 있고, 사랑만이 자유계발의 완성을 이루게 할 수 있다.

자유계발의 진짜 시크릿은 '사랑'이다. 젊은 시절 어디론가 끌려가 그토록 죽을 지경이 되었어도, 그토록 술을 많이 마셨어도, 그토록 담배를 많이 피웠어도, 그토록 알거지가 되었어도, 저 깊숙한 곳으로 그토록 추락했어도, 그토록 깊은 어둠속에 갇혀 있었어도, 수많은 갈등과 방황과 번민과 투쟁 속에서도 내가 오늘 이 날까지 결코 쓰러지지 않고 다시 일어나 '인간으로서의 가치와 명예'를 끝끝내 지켜내며 밝고 건강한 자유계발의 길을 걸어 나갈 수 있게 해준 것도 전부 '사랑의 힘'이었다….

세상 에너지의 모든 원천은 '사랑'에서 비롯된다.

21세기 최고의 대체 에너지는 자연과 과학의 핵심기술이 만들어내는 환경 에너지가 아니라 사람만이 만들어낼 수 있는 세상에서 가장 아름다운 에너지… '사랑'이다.

사람을 사람답게 해주는 건 오로지 '사랑'뿐이다.

사랑만이 부와 성공을 가져다줄 수 있고, 사랑만이 건강과 행복을 약속해줄 수 있다. 자유계발의 진짜 비밀이 바로 여기에 있는 것이다.

사랑의 이름으로, 사랑의 마음을 전하며, 이제 다시금 떠날 시간이 되었다. 오늘날 이 땅의 동시대인으로 함께 초흡하며 자유계발의 길을 힘차게 걸어가고 있는 아름다운 님의 손을 꼬옥 쥐어주며, 사랑의 마음을 전해드린다.

"사랑합니다…!"